遥かなるウラジオストク

明治・大正時代の日本人居留民の足跡を追って

堀江満智

22世紀アート

日本人商店が集中していた
アレウツスカヤ通り（1915～1921年）

〈作製者〉杉山公子・佐藤洋一・鶴見和重

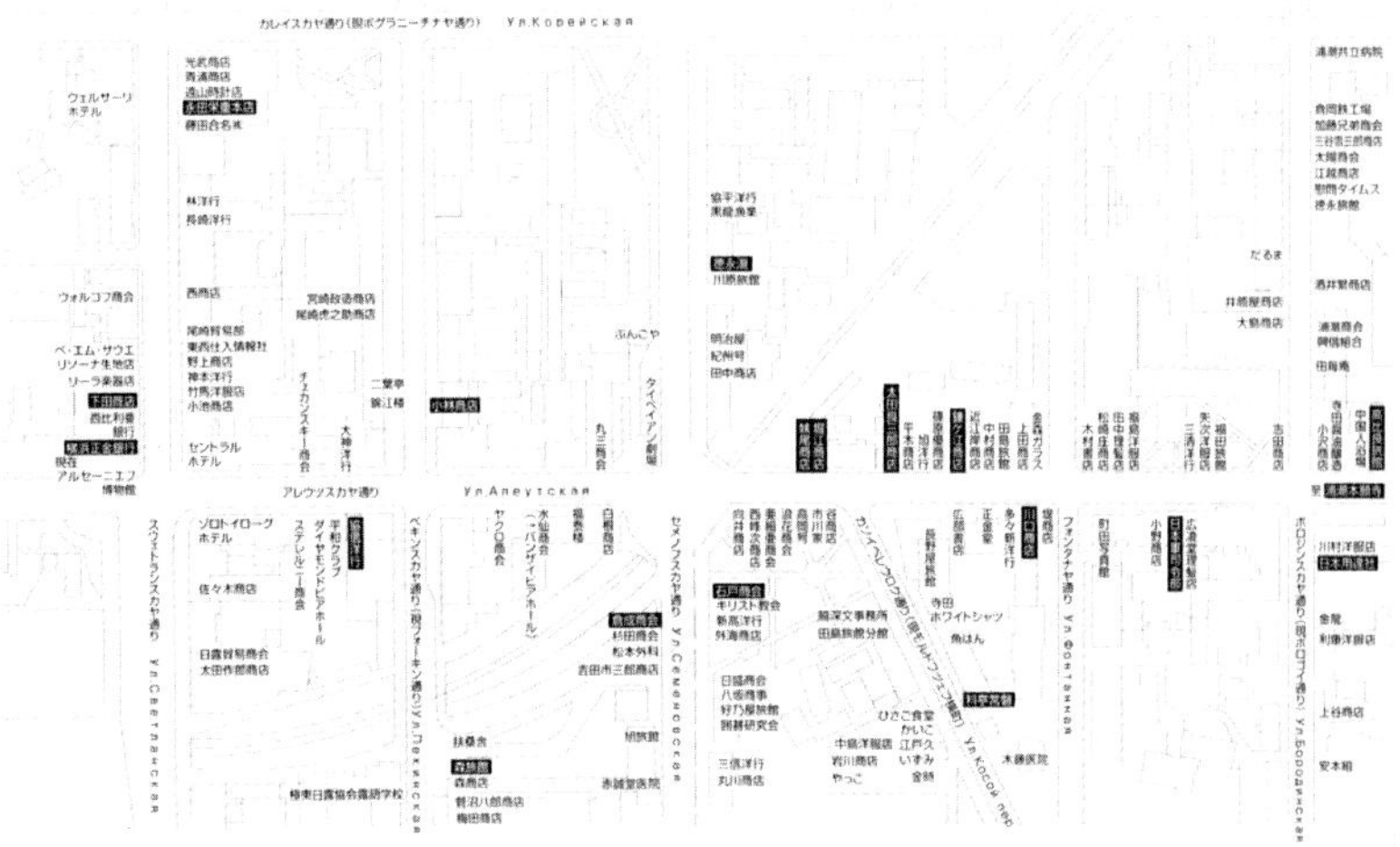

1916（大正 5）年
ウラジオストクにて
撮影。
左から　堀江萬代、
平田さと、堀江正三、
堀江直造

1913 年、露国皇室
300 年記念博覧会に
出品された堀江缶詰
工場の商品

まえがき

祖父母の遺品をもとに明治・大正時代のウラジオストクを考察

極東ロシアの港町ウラジオストクは、私達にとって長い間「近くて遠い街」だった。ソ連時代、軍港都市として外国人はもとよりロシア人でも許可なく入ることのできない閉鎖都市であった。だから情報も乏しく、明治、大正時代、多くの日本人が居留民として、さまざまな仕事をしながら暮らしていた、一番近い外国であったことはあまり知られていない。

「浦潮」「浦塩」「浦汐」、こんな漢字をあてて当時の日本人にはなじみの深い北の地だったけれども、ハワイやブラジルのような集団移民と違い、個人で渡り、個人で引き揚げた極東ロシアの場合は、記録も少なく、その後の不幸な日ソ関係もあって、かつての日本人居留民の暮らしや民衆どうしの交流の日々は、殆ど語られることなく七十年余りの歳月が流れた。

私の祖父・堀江直造《ほりえなおぞう》は一八九二年（明治二十五年）、二十二歳でウラジオストクへ渡り、一九二一年

（大正十年）に引き揚げるまで、祖母や父と共に居留民として人生の大半を彼の地で暮らした。商店や工場を経営しながら、日本人居留民会会頭等として、日本人社会の発展や日露交流にかかわった。

父・正三《しょうぞう》も極東ロシアで活躍する夢を抱いて、東京外国語学校ロシヤ語科を出たが、革命に続く日本や列強の干渉戦争、いわゆる「シベリア出兵」の中で、やむなく日本に引き揚げた。その後、祖父母も父も、二度と浦潮を訪れることはなかったが、京都の自宅に遺された浦潮時代の遺品は、市井の人々の暮らしの匂いのするような日記、写真、手紙、絵葉書、電報、表彰状、ルーブル紙幣、帳簿の切れ端といったようなものであった。

直造の一九一六年から一八年の日記には、商売のことの他に「出兵」前後の日本人社会の公的な動きや現地の様子が克明に記され、祖母・萬代《まよ》の明治の日記には、草分けの頃の日々の暮らしが、正三の帰国直後の日記には、懐かしいロシアの思い出が一部ロシア語で綴られていた。

それらは民間人の日常生活の記録で、たとえばロシアで諜報活動をした石光真清（一八六八〜一九四二）の手記のような波乱万丈の内容があるわけではない。しかし普通の人々が外地でどのような夢をもって働き、国策の影響を受け、築き上げたものを失ったかを、明治、大正時代のウラジオストクという一ページを切りとって考察してみることには、普遍的な意味があるのではないだろうか。働いて生活を良くしたいという素朴な民衆の行動が、結果的には侵略と戦争の国策に取り込まれていった、そんな二十世紀の日本人の歩みの一端を、遺品をして語らしめたい。居留民の子孫といっても今生存するのはもう孫の世代、それも高齢になりつつある今日、普通の居留民の生活の中の資料が散逸しないうちに記録にとどめたい、そんな気持ちからペンをとった。

全般的な日露交流史や「シベリア出兵」については、すでに研究者の方々が論文や本を著しておられるので、社会背景の説明は最小限にとどめた。

一九九二年に初めてウラジオストクを訪れて以来、私は日ロの研究者や居留民関係者と知り合い、日ロ交流史の研究をささやかながら続けてきた。

この拙著が、同じような運命を辿った他の日本人居留民の資料を、今後民間からであれ公文書からであれ、さらに発掘するきっかけになれば幸いである。

また平和条約締結への努力が国レベルでもなされている今日、そう遠くない昔に、民衆が暮らしの中で紡いだ自然な交流を、そしてそれがついえた歴史を、ひとりでも多くの人にふりかえってもらう機会になれば望外の幸せである。

堀江　満智

目次

一章　私とウラジオストクの出会い

一　祖父母や父が生きた時代のウラジオストクに想いを馳せる

一九九二年六月の昼下がり、私はウラジオストク市一番の目抜き通りであるスヴェトランスカヤ通りの中心部を、市電の軌道に沿って北へ曲がり、アレウツスカヤ通りを歩いていった。

スヴェトランスカヤは港に面した広い道路で、帝政時代の立派な建物が、今日、若者がおりなす賑いとも調和したしゃれた繁華街である。アレウツスカヤに入ると少し静かになり、新旧のビルの間に小さな公園や更地もあり、雑草を渡る風が昔の「浦潮」へいざなってくれそうであった。百メートルくらい歩いて左手の古いビルの前に私は立った。

これが今世紀初頭、私の家族が住み、商店を営んでいた建物である。うす汚れてはいるが上部の造りに風格が残るビルは、一階部分が半分道路と同じ高さに埋まり、同じようなビルが坂道に沿ってもうひとつかふたつ続いていた。同じ頃、手広く雑貨商を営んでいた太田良三郎商店のビルである。それらは今ではあまり手入れされているようには見えなかった。

ここも道幅は広く港から近く、かつて荷揚げされた物資がすぐに商店街に運ばれたさまが想像された。このような便利な中心地に明治、大正時代、日本人商店が軒を連ねて日本人街を形成していたことに少し驚いた。比較的早い時期にそれを拓いた日本人居留民の歴史に改めて興味をそそられた。

私の祖父・堀江直造は一八九二年（明治二十五年）にウラジオストクに渡り、果実、日用雑貨の商店や缶詰素麺製造工場を経営する傍ら、日本人居留民会会頭や商工会副会頭、「浦潮日報」役員等を務め、一九二一年（大正十年）に日本へ引き揚げるまで、働き盛りの三十年をここで過ごした。祖母・萬代は明治二十八年に嫁いできて以来、祖父を助け、父・正三にとっても一九二一年までここがマイホームであった。正三はウラジオストクの日本人小学校を出たあと、東京の早稲田中学、東京外国語学校で学んだ。その頃はウラジオストクと日本を往復する生活だったが、卒業後はずっと極東ロシアで暮らす筈であった。もし日露があのような歴史を辿らなければ……。

そういう私の家では子供の頃から、ときどき周りの大人が口にした「ウラジオ」という言葉に、住んだことのない私も何か懐かしい響きを感じてはいたが、歴史的社会的背景の中で客観的に、祖父母や父の生きた時代のウラジオストクについて考えたことはなかった。

祖父母も父もすでに他界していた八〇年代の初め、母と物置きの奥を整理していて、何やら古めかしい大切そうな木箱を発見した。あけると「ロシヤ時代」と書かれた紙袋に入った写真や「居留民会会頭堀江直造殿」とか「堀江商店宛」の手紙や葉書、祖父母の日記等が詰まっていた。私は「ああ、これが浦潮時代の……」と家族の思い出としての懐かしさは感じたが、当時、ウラジオストクは日本人にとって永久に過去の街のように思われ、その資料としての重要さにも殆ど思い至らなかった。

その頃、京都市立中学校教諭をしていた私は、忙しさにまぎれて、また別の押入れにしまってしまった。あまつさえ五、六冊あった堀江商店の帳簿はチリ紙交換に出し、知らないオジサンの写真や読めない草書の手紙は一部捨ててしまった。また心の片隅にこんな気持ちもチラリとあった。直造らは当時白軍や日本軍の側を支援したとは聞いていたので、今日の民主的な観点から見ればいかがなものか、といったような……。

しかし一九八九年に『ウラジオストクの旅―海の向こうにあった日本人町―』(杉山公子著、地久館出版)という本で直造の名前を発見したのがきっかけで、極東ロシアや日本人居留民の歴史に興味を持ち、著者の杉山さんとも交流するようになった。この本は著者が開放前の八九年にウラジオストクへの初めてのツアーに参加した時の旅行記だが、明治、大正時代の日本人居留民のことや「シベリア出兵」にも言及されていて、私にとっては、この地の歴史の格好の入門書となった。そして前述の遺品を再びひもとくきっかけになった。それまで人々の口の端にのぼることが殆どなかったウラジオストクが、ゴルバチョフの「この地もやがて外国人に開放されるだろう」という演説やペレストロイカとあいまって身近に感じられ始めた頃であった。

そして九一年のソ連の崩壊、九二年のウラジオストクの全面開放という劇的な変化の中で、私も九二年六月に、初めてウラジオストクを訪れたのだ。祖父が最初に浦潮の土を踏んだのが一八九二年春だからちょうど一世紀たっていた。

想像した以上に美しいウラジオストクの街を歩きながら、父がロシアの文化が好きだったこと、祖父母から直接話を聞いた記憶はないけれど、苦労の末に得たそれなりの良い暮らしを捨てて、帰国しなければならなかったときの気持ちなどに思いを馳せた。

どこか長崎や函館に似た金角湾の風景、すがすがしい並木道や石畳をやってくる電車、ヨーロッパ風の建物などを見ていると、明治の日本人がこの街に魅せられた気持ちが分かるような気がした。日本海をはさんで一衣帯水、下駄ばきでも行けたといわれる近い外国、西欧文明の覗き窓だったここは、当時の日本人にとって興味津々だったにちがいない。豊かで近代的な暮らしを夢みて働きにやってきた人々は、やがて帝国主義的な国策につながって、すべてを失うことになろうとは思っていなかったであろう。そんな無名の人々の声が石畳の下から聴こえてくるような気がした。

二　予想以上の収穫があった初めてのウラジオストク訪問

九二年にはまだウラジオストクと日本の間に定期便はなく、富山の旅行社が企画したチャーター

ウラジオストクにて
後ろに見えるのが堀江商店の入っていたビル（1992年）

便による団体旅行に私も加わったのだ。富山から二時間もかからなかった。カーテンの開いたばかりのウラジオストク市を見るツアーとあって、県の経済界や小学校の交流活動の関係者、テレビ局の人達などが主な参加者であった。

富山県で日ロ交流に尽くしておられる森川友明氏から、ロシア科学アカデミー歴史考古民族学研究所のラーリン所長を紹介していただいて、私は同研究所を訪れることができた。研究所では日本人居留民の研究は始まったばかりだったが、日本語の堪能な方が多いことも知った。

またテレビ記者が、私が初めて話した日本人居留民や、堀江のことに興味をもち取材された。そのお蔭で同研究所を訪れたり街を歩いたりしたとき、テレビ局の車や通訳のお世話になることができた。アレウツスカヤ通りや、かつての堀江商店のビルを訪れて中に入ることができたのも、森川氏やテレビ局の人達と一緒だったからで、団体旅行にもかかわらず個人行動もかなりできた。後日、同研究所のモルグン・F・ゾーヤ研究員（現国立極東総合大学助教授）を紹介され交流が始まるなど、私の初めてのウラジオストク訪問は予想以上の収穫があり、ウラジオストクの過去と未来が結びつく旅となった。

そして九二年秋には杉山公子さんとふたりで訪れ、ゾーヤさんのお宅に滞在させていただいた。それまでは、私たち一般人が個人でウラジオストク市民の家庭に滞在してその生活をじかに見たり、自由に街を歩くということは難しかった。この時もビザのための「招待状」は必要だったけれども、特に制約もなく、もちろん危険を感じることもなく滞在することができた。ソ連時代には考えられなかったことだ。街の様子は表面的にはそれほど緊迫した貧しさは見られず、人々の表情にも、どこかおおらかさがあった。しかし停電や給料遅配や消費生活での不便さはいろいろあり、個人のお宅に滞在させてもらったからそれも実感できた。

敗戦直後の日本にも似た、カオスの中に可能性を秘めた面白い街だと思った。

そして九七年までに計五回、私はウラジオストクを訪れた。ある時は日本の研究者の方々と一緒に、ある時はひとりで。また富山の伏木港から船で行ったこともあった。船の場合は一日半程かかり大正時代と大差ないように思われた。左手にルスキー島を見ながら金角湾に入ってくると、自然の懐にいだかれたような良港に着き、シベリア鉄道の駅が隣接していて、すぐその向こうに市街地が広がっている。そんな風景を見たとき、私はこんなふうに感じた。かつてここに第一歩をしるした人々に、この地形は荒涼とはしていても、夢と奮起の気持ちを起こさせたのではないだろうか。最初は石ころだけの土地を与えられたハワイや南米の集団移民の人々とは違う第一印象を彼等はもったのではないだろうかと。そして彼等の職種にも影響を与えたのだろうと。

その後、何度かゾーヤさんのお宅に滞在させていただいた。持参した資料の検討の合間に、家事を手伝ったり、ダーチャ（ロシア式別荘）や大学へ同行し、今のロシアの日常の暮らしに触れた。そしてご家族も交えて「日ロ交流の新しいページのために乾杯！」とウォツカのグラスをあけた。まるで七十年余の空白はなかったみたいに、こうしてロシア人の家庭にさりげなく居ることに私は何か不思議な感じがした。昔日のウラジオストクが戻ってきたのだ。でもその間にいろいろなことがあった。ふと急に歴史というものが身近に感じられた。激動の二十世紀は「普通の人々」の暮らしや運命にもさまざまな影響を与えた。本来なら路傍の石に過ぎなかったであろう堀江の遺品も、近代史の一面を証言するものになるかもしれない。日記に盛られた居留民の暮らしや気持ち、素朴な民衆どうしの交流は、やがてそれを破壊したものへの告発かもしれない。公的資料や統計数字の隙間から見える生身の居留民の足跡を追ってみたい、そんなふうに思うようになった。ウラジオストクが開放され、自由な研究の道が開けた今日、ロシアの方でも何か新しい資料が発見されるかもしれない。そうしたらゾーヤさんを通して、ロシアの方とも一緒に検証ができるかも――という期待もふくらんだ。しかし、これは後に軽い失望に変わるのだが。

二章　日本人居留民史概観

一　日本から浦潮へ渡る者がふえ続ける

さて普通の日本人が沿海州に居住していた歴史を調べようと思っても、今日それを知る人も資料も少なく、容易ではない。普通の、というのは外交官や留学生、軍人などが任務で行った場合は調べようもあるだろうが、無名の民衆が商売や事業などをするために渡り、働き、国籍を越えて交流をした、そういう暮らしぶりを描いた本は、戦前発行のもの以外ではあまり見当たらなかった。生活ぶりもふくめた居留民史については杉山さんの前掲書と『哈爾賓物語』（杉山公子著、地久館出版）を読んだのが最初だった。

そこで直造の事例が、なぜ日本人居留民の典型なのか、当時どんな社会背景があったのか、私の手元のささやかな資料と共に追ってみたい。

沿海州地方は、もとは清国の領土だったが、一八六〇年の北京条約でロシア領となった。辺鄙な漁村にすぎなかったウラジオストクもロシア人総督ムラビヨフにより、ヴラディ・ヴォストーク（東方を、支配する）と名づけられ、周辺から朝鮮人や中国人なども流入し、定着した人々により開拓されていった。日本人は、「長崎は稲佐の若者がロシアの汽船に乗り込んで初めて浦潮斯徳に渡ったのが文久二年、一八六二年だった」（大庭柯公『露国及び露人研究』大正一四年、中央公論社）が幕末からロシアの艦船とつながりの深かった長崎から明治初期に多くの人達が浦潮へ渡った。

その後日本海に面した道府県から渡航する者もふえ続け、日本政府も重視した浦潮は急速に発展していった。

雑誌「ＢＡＲＴ」（一九九二年、集英社）をもとにその頃の事例と、ウラジオストク在住日本人の数をまとめると、次のようになる。

第一期　蜜月時代

一八六〇年　ウラジオストク開市、北京条約によりロシアに編入
一八六八年　明治維新、日本開国
一八七一年　ウラジオストク、シベリア艦隊の基地となる
一八七六年　日本の貿易事務館開設
一八八一年　長崎との間に定期航路開設、この後日本人娼婦の渡航激増
一八八四年　四一二人
一八九〇年　京都の西本願寺がウラジオストクに進出

一八九一年　シベリア鉄道沿海州地区が建設開始
一九〇一年　二八九八人
一九〇三年　シベリア鉄道モスクワ～ウラジオストク間開通
一九〇四年　日露戦争勃発　在留日本人大部分帰国、が大半は終戦後戻る
一九〇七年　日本領事館設立（一九〇九年、総領事館に昇格）
一九一〇年　一五七九人
一九一四年　第一次世界大戦勃発、この頃より日本商社ロシアに軍需品を大量輸出
一九一五年　二一〇四人
一九一七年　ロシア革命

第二期　日本帝国主義の時代

一九一八年　日英両国ウラジオストクに軍艦派遣、理由は「居留民保護」
一九二〇年　五五八五人
一九二二年　日本軍シベリアより引き揚げ、ウラジオストク軍港となる
一九二五年　五九〇〇人

一九三〇年　三八六人
日本軍、北樺太から撤兵、ウラジオ日本総領事館再開

以下省略する（冷戦時代は皆無に近い）。ウラジオストクの在留日本人数については、次のような数字もある。

一八八六年　四五〇人（L・M・サミグリーン論文、一九九二年、富山市岩瀬バイ船文化研究所）
一八九六年　一二三〇人（右同）
一九〇七年　三九六七人（モルグン・ゾーヤ論文、一九九六年、北大スラブ研究センター）
一九一〇年　三〇五〇人（原暉之著『シベリア出兵』一九八九年、筑摩書房）
一九一七年　三六六八人（サミグリーン論文。原暉之著『シベリア出兵』は三二八三人）

因みに他の地域を含めロシア全体では、一九一七年現在で総勢五八九一人という数字がある。

「うちペトログラードには九五人、モスクワに五三人、その他五人を含めヨーロッパ・ロシア在留者は一五〇人程度に過ぎなかった。圧倒的部分はウラジオストクの三二八三人であり、以下順にハバロフスク五七三人、ニコラエフスク四九九人、ブラゴヴェシチェンスク三三八、ニコリスク二九五人、チ

タ二一七人など、バイカル湖以東の地に集中していた」（原暉之著『シベリア出兵』）。一時的な出稼ぎや無届けの人もあり、実数はもっと多かったかもしれない。

その浦潮で日本人は、明治以来どのような社会を築いていたのだろうか。居留民会、日本人小学校、浦潮本願寺、商業活動などについて簡単に見てみたい。

二　日本人の公的動きを代表する場、日本居留民会

これは一言でいえば、今日の地方自治体と共済組合と業界団体を一緒にしたような世話活動組織である。その変遷を見ると、明治四十三年の「浦塩斯徳領事館報告書」には次のような記述がある。

「各地に在留せる本邦人は、いずれも居留民会を組織し、幾千の金員を拠集して居留民会事務所員の俸給及び事務所費に充て、その他在留の名望家を選出しその居留民会長となし、総領事館に提出すべき諸般の願届出書その他に関して居留民の便宜を計り、露国地方官憲と交渉し、また本邦人宛ての郵便物電信等を露国郵便電信局より受領してこれを宛名本邦人に送達する等を重なる職務となす（略）

会員の拠金及び有志の寄附金を積立て、同胞中疾病または不時の災厄にかかり、他に寄るべなき不幸の者を救済するを以て目的とす（略）」

そして「明治三五年に同胞の親睦団体として誕生して以来、幾度かの改変を経て、『在留邦人をしてことごとく之に合盟せざるを得ざらしめる』ほどの力をもつ民会の誕生となった」（杉山公子著『哈爾賓物語』一九八五年、地久館出版）と、在留邦人全員加盟の会となった。

事務所は「周囲のビルにくらべ目立たない建物だが、職員が何やら熱心に邦人の相談にのっていた。天井には郵便の出し方などが貼られ、壁には個人宛ての郵便受けがあった」（栗林貞一著『浦潮見物』一九一九年）。

「会則によるとそれは十四の部会から成り、『商業部、医師部、裁縫部、旅館部、洗濯部、金銀時計細工部、理髪部、大工部、ペンキ部、写真部、鍛冶部、製靴部、料理部、以上に属せざるものを雑業部とす』と規定され、各部から常務委員が一名ずつ選出されていた」（原暉之著『シベリア出兵』）。

この居留民会は、後述の直造の日記の大部分をしめる活動の場であり、日本人の公的動きを代表する場でもあった。

三　親睦と社交の場、浦潮日本人倶楽部と商店の互助団体、浦潮商友会

当時の浦潮には、浦潮日本人倶楽部と浦潮商友会というものがあった。前者は娯楽の少ない開拓期

の浦潮にあって親睦と社交の場で、後者はのちに浦潮商工会となった商店の互助団体である。

日本人倶楽部は、明治三十五年には「キタイスカヤ街に在り、日本人間に於ける唯一の社交倶楽部にして会員四十名許あり、貸席及割烹を為し、会費一箇月弐留を徴収」しており、四名の幹事に初代貿易事務官寺見機一と共に直造の名を挙げている（角田他十郎『浦潮案内』一九〇二年）。

それが明治四十三年になると「浦潮斯徳市在留本邦人中流以上の娯楽機関にして、会員数約七十名、玉突、碁、将棋、弓術、新聞雑誌ならびに飲食品等の設備あり。収入毎月平均二百留、支出百七八十留位」（「浦潮斯徳領事館報告書」より）と発展し、居留民のいわば健全な娯楽親睦機関となった。

浦潮商友会は、「一種の日本人商業会議所にして、一、二、三等商を以て組織せり。その付属として露語夜学校あり、商店員に露語の教授する所とす。教師一名　生徒数八十余名」（「浦潮斯徳領事館報告書」より）とある。

四　日露友好の礎となる子供たちを育てるための日本小学校

「浦潮斯徳領事館報告書」には「児童教育機関は浦潮斯徳市に唯一の日本尋常高等小学校あるのみ。同校は日露戦争以前より浦潮斯徳居留民会の経営せるものにして、現今各学年を通して約百名（男六十名、女三十余名）の就学児童を収容教育しつつある（略）」とあるが、近年のモルグン・ゾーヤ論文（北海道大学スラブ研究センター、一九九六年）は次のように述べている。

「同校は一八九四年以来、私塾として機能していたが、一九一二年、ロシアの閣僚会議でロシア領土内に外国人学校開校が二校のみ許可された。オデッサのドイツ人学校とウラジオストクの日本人学校である。（同校は）日本の小学校のカリキュラムと共にロシア語、ロシア史、地理はロシア語で行われ、日本領事の承認を得た監督者が、経理や教師招請やロシア側の教育監督機関との折衝を行っていた。児童数は年毎に増え、一九一五年には一六五人の児童と五人の教師、自己所有の校舎をもっていた」

また、杉山公子氏は「露国公認ウラジオストク日本尋常高等小学校という名前で、露国公認であるためロシア側の制度にも敬意を表し、ロシアの祝祭日には日本人児童もスウェトランスカヤ通りをロシア国歌をうたいながら行進した」「ロシア人の先生が小学校の教材に選んだのがプーシキンの詩と聞けば、その水準の高さに驚く。子どもたちの受ける高度なロシア語の授業に、ロシア領に生きる日本人住民の思いが込められているとはいえないだろうか」（杉山公子著『哈爾賓物語』『ウラジオストクの旅』より）と、日露友好の礎となるべき子供たちに期待のかかった学校であったことに言及している。居留民会がその運営の任にあたり、予算も同会で決定し、言わば今日の教育委員にあたる学務委員と現場代表とでもいうべき学校委員が、会合をもって細部の運営にあたっていた（「直造日記」より）。

浦潮本願寺布教所

五　心の拠り所、浦潮本派本願寺

大正四年、済軒学人『浦潮斯徳事情』に次のような記述がある。

「明治一九年初めて開教師を渡航せしめ、在留日本人の布教に従事せしが、同二七年に至り布教場を此地セメノフスカヤ街及ハバロフスク市に建築し、浦潮布教を東部西伯利布教本部となし（略）日露戦争後露国官憲は公然布教（及び同地在留の日本人のために火葬場を与えるとの）承認を与えたり。明治四二年露国内務大臣は代表者太田覚眠師に対し仏教会堂を建設し布教をなすことを公認し、（略）浦潮斯徳市会はアレウツスカヤ街の北端に用地約十坪を無代にて交附することを可決し尋で授受を了せり」

地久節（皇后誕生日）に本願寺に集まった日本人居留民達

以来、浦潮本派本願寺は、在留邦人の祭日や慶弔の行事で欠かせない場所、また心の拠り所ともなってきた。

六　日本人の経済活動は第三次産業が多かった

居留民会の部会にも表れているように、浦潮の日本人社会は、いろいろな職業の人々で構成されていた。個人で渡航した商人や職人らから始まった日本人居留民社会について、ロシア人がロシアの資料で調べて、ソ連崩壊後間もない一九九二年に発表した次の二つの論文に私は興味をもった。

ひとつは前記のL・M・サミグリーン博士（当時極東国立総合大学歴史学部長）の論文（張秀夫訳）で、次のようなことが述べられている。

「（日本人グループの特徴は）大半が家族づれで、一八九七年から一九一六年の間に児童人口が著しくふえた。一九一六年には二十歳から四十九歳までの人口が七五％以上を占め、中でも二十歳から二十九歳までが最も多かった、即ち最も活動的で労働可能な年齢層から成っていた。また日本人住民の教育水準のかなり高いことが注目される。（略）七五％が読み書きができ、女性や尋常小学校以上の教育を受けていた者も多くふくまれていた。多くの部分が常時更新していたので、より若くより教育水準の高い人が渡ってきた。後者は日本社会全体の教育水準の向上に基づくものである。（略）子供や若年層の死亡率も高かった。馴れない厳しい気候や生活様式によるもので、日本人だけでなく大多数の住民が伝染病などの高い罹病率を体験した。しかし日本人グループは、この比率が他民族に比べて低かった。これは文化水準、衛生観念、医学知識の普及によるものである。（略）日本人病院は治療レベル、設備、患者の世話等の点で秀れていた」

L・I・ガリャーモヴァ歴史学修士（当時ロシア科学アカデミー極東支部歴史考古民族学研究所上級研究員）は大阪のシンポジウムで、次のように述べている。

「一九〇三年の人口調査によると、ウラジオストクには二八一の企業があり、九二は日本人所有であった、つまりウラジオストク住民の三・二％しか占めない日本人が、手工業と工場施設の三二・七％を所有していたことになる。日本から極東にやってきたのが、自分で事業をおこそうとする非常に精力的な人々であった。しかし日本人企業の大部分をなしていたのは、従業員五人以下の工場であり（全体の八二・六％）、日本の資本が投じられたのは主にサービスの分野であった。一九一三年頃ウラジオストクの約七六〇の手工業及び工場型企業のうち日本人によるものは一五〇であった。つまり十年間に全企業数は二・七倍に、日本人企業は一・八倍になったが、日本人人口は八％しか拡大しなかったことを思うと、日本人の企業活動は非常に速いテンポで発展したといえる。特に速く成長したのは、理髪店、写真店、縫製工場、精米業、時計店などであった。（略）このように日本人の企業活動が発展したのは、まず第一に大きな投資のいらない小企業の成長によるものだった。同時に資本の蓄積がすすみ、二つ以上の企業をもつ者も現れた。（略）詳細な資料はないが、日本人移住者が、ウラジオストクの経済生活において、重要な役割を担っていたと結論することは十分妥当であろう」として個人名も紹介している。

個人商店もすべて「企業」と表現されてはいるが、日本人社会を経済活動から調べ浦潮の生産力の発展に一定の寄与をしたと評価されている点が新鮮であった。

資本主義のルールも未熟でまだ貧しかった明治の日本で、資本を持たない個人がより良い生活を夢みて海外へ出ていき、勤勉に働いてお金をため次の投資をした。その初期の様子をあらわすものとして、当時日本で出版された浦潮紹介の本から、商店の発展に関するところをみるとこうである。

『東露要港浦塩斯徳』（松浦充美著、明治三十年）には、十一軒の日本人二等商店として次の店名をあげている。

西澤商店（大阪）　日の出商店（長崎）　小林商店（長崎）
岡部商店（大阪）　石橋商店（長崎）　木村商店（長崎）
松下商店（長崎）　寺町商店（愛知）　川邊商店（茨城）
向井商店（新潟）　奥村商店（滋賀）

『浦潮案内』（角田他十郎著、明治三十五年）には、二等商店を営む者として次の二十二名をあげている。

小林藤斗　金森甚助　谷源藏　木村常治郎　奥村勇太郎　近藤平吉
永田榮重　遠山鐘三郎　清瀧盛之進　北野竹次郎　木戸與三郎　池田長太郎
近木重吉　堀江直造　指谷忠造　太田良三郎　西川文三　伊藤善吉
倉成浅吉　橋本央　岩永トヨ　荒木榮次

「ロシアでは企業や商店に一等から三等までのランクをつけ、一流店には一等商店の名誉ある鑑札を発行したが、年間八九二ルーブルという営業税を課していた。二等商店の五十八・五ルーブルと比べれば、その格段の差がわかる。（略）日露戦争前は杉浦、徳永も一等商店として大きく営業していた。しかし戦後どちらも再起できなかった。二等商店に再渡航者が多く、おおむね再起に成功した」（杉山公子著『ウラジオストクの旅』）

大正四年『浦潮斯徳事情』（前掲書）では、六つの一等商店、四十の二等商店を含む百軒をこえる日本人商店名をあげている。医師、薬剤師、助産婦についても同書は「医師は露国官憲より日本人のみを診察すべく承認を得居るも、露人及支鮮人間にも信用を博し診断を乞ふもの亦少なからずと云ふ。又日本薬剤師一名特に露国政府より許可を受け開業し居れり。産婆は其数五戸あり。日本人のみならず支鮮人の助産に従事す」と述べている。

大正十年『浦潮小観』（杉原庄之助著）には、一三九の商店や医師の広告が載っており、それにない十一軒が大正八年の同書にはある。

このように、年を追うごとに日本人の経済活動は発展したが、いわゆる第三次産業が多いことは指摘されてきた通りである。

料理屋や貸席業というのは表向きで、実際は娼館であるところも多かった。博徒や女衒、密貿易者に私娼のようなあだ花も咲く重層構造の都市社会になっていったが、その中で堅実な商売をしながら、次なる発展を夢みた一居留民として、直造とその家族の人生を追ってみたい。

三章　堀江直造のウラジオストク

一　西澤源次郎商店主人の信頼を得て浦潮へ渡る

直造は、一八七〇年（明治三年）、京都府加佐郡舞鶴町（現舞鶴市）に士族、堀江堅固、くわの長男として生まれた。

舞鶴藩は海産物に恵まれた比較的裕福な藩であったが、明治維新後の日本は、元武士も自分の力で口を糊しなければならない世の中になった。今日では当り前の自立も、それまで禄を食んでいた武士には試練と模索の始まりであった。武士の商法といわれるさまざまな悲喜劇もあったように。

渡航した頃の直造

直造の父堅固は製糸会社に勤めたが三十二歳の若さで亡くなった。その時直造は十歳、妹さとは八歳だった。さしたる財産もなく未亡人になった母くわは、子供たちを連れて舞鶴を出て働く決心をした。くわはさとをつれて、京都のさる家庭にお手伝いとして、直造は大阪の主に繊維を扱っていた西澤商店に住み込みで働くようになった。

1890年代のウラジオストクの風景

生来まじめでがんばり屋の直造は、主人の信頼を得て、一八九二年（明治二十五年）、西澤源次郎商店主や他の使用人と共にウラジオストクへ渡った。

西澤商店は草分けの日本人商店で、日用雑貨、食料品の輸入販売を始めた。わずか十一軒だった二等商店のひとつである。

舞鶴も港町、直造の住まいのあった旧田辺城付近からも、堀江家の菩提寺妙法寺からも日本海が見える。子供心に直造は海の彼方の「おろしや」にほのかな好奇心を抱いていたのだろうか。また明治という時代は、誰にも青雲の志を抱かせる空気があったのかもしれない。

西澤店主と直造は気が合った。

1890年代のウラジオストクの風景（金角湾）

西澤の性格を想像させるようなこんなエピソードが、『東露要港浦潮斯徳』（松浦充美著、明治三十年）の二二七頁に見られる。

「適當なる職業を有する出稼者の外尚ほ日本民族なる浦港に於ける多くの我醜業者のあるありて如何に在浦港日本男子の信用と品位とを失墜し其結果は遂に潔白なる我商業上に影響波及するかは能く左の些事に於て見るを得へし千八百九十五年十月の事なりし在浦港二等商店中最盛なる西澤商店が露人所有の家屋を借用して借家契約證書を作為せんとするに際し露人先づ契證書の原稿を示す周到なる契約證書中實に左の數文字あり

西澤商店主に貸す可き余が所有の家屋に於ては決して青楼の營業をなすを許さす（露文翻訳）

商店主見て大に怒りて曰く咄何者の怪う敢て斯

の如き不潔の文字を容れしめんと遂に其條款を塗抹せしめたり（略）」

つまりこれはこういうことだ。

「一八九五年十月のことだが、一等商店中最も盛んな西澤商店が、ロシア人所有の家を借りようとしたら、そのロシア人が契約書に次のような文字を入れた。

『西澤商店主に貸す私の家では、決して青楼の営業をすることは許さない』

商店主はこれを見て怒って、そのような不潔の文字を契約書に入れるとは何事か、とそれを削除させた（そのような文字はなくとも青楼業などという恥ずべき商売はしないということ）」

青楼業というのは「女郎屋」のことだ。当時、日本人によるそういう商売は多かったけれども、心ある日本人は「日本男子の信用と品位を失墜する恥ずかしいこと」と考えていたのだ。

今日の人権感覚とは違うにせよ、少なくとも娼館稼業など望ましいものではないと思っていたのだ。

二　直造、経営者となり、商売の基盤を確実に固め広げていく

直造は次第に店を任されるようになり、商号は西澤商店のまま経営者になった。明治三十二年に店の資産を借入という形で譲り受けた時の契約書が遺っている。民法の書式をきちんと満たしたもので、

土屋松之助

木村常治郎

その時の総資産は六千三百円何がし（現在の六千三百万円以上か）だった。それを百円につき一ヵ月一円の利息で返済していくというものだ。資産のない青年に譲るには良い方法だが、相当の売上げが見込めないと利子は払えまい。

直造は明治三十五年には、元貿易事務官寺見機一と共に親睦団体「日本人倶楽部」四名の幹事のひとりになっていた。浦潮での暮らしが根付きはじめ、明るい未来を思い、仲間と共に日本人社会を確かなものにしたいと思う人々のひとりとなった。どこかアメリカの開拓期にも似たフロンティア・スピリットを私は思いうかべる。

直造は低俗な遊びには染まらず、謡曲や弓道を趣味に、商売の基盤を確実に固め広げていった。

この頃のウラジオストクの辺境の港町のたたずまいの写真が残っている。また商売人の仲間らしい人物の写真もあるが、その人物名が二人だけしかわからないのが残念だ。ひとりは

居留民仲間と「初老記念」、右から２人目直造（1911年）

木村常治郎、木村商店主で日本人小学校の初代学務委員をつとめた。明治三十二年に撮影されたもの。木村商店は先の十一軒の二等商店の中にある。もうひとりはニコリスクで商店を営んでいた土屋松之助で、明治三十四年撮影のもの。いずれも日本人の写真館で撮られている。

日本との定期航路が開かれると、日用品と共に日本の習慣や文化も運ばれてきて、日本人居留民は和露折衷の生活をしていた。写真には男は洋服、女子供は和服という姿が多い。西本願寺に集う人々の写真にはくたびれた表情の人もおり、庶民のありのままの姿が窺える。しかし明治四十四年に友人五人で撮った写真には、一定の生活のゆとりのようなもの

居留民仲間

居留民仲間（右は写真の裏）

が感じられ、ロシアの紳士にならった服装をしている。

この頃の直造の短歌に、「いさましく餅つく音を聞きつつも　ペーチカ近く『復活』を読む」というのがある。一家総出で餅つきをする商家の習慣、手伝いに行かねばと思いつつも暖かいペーチカのそばで『復活』を読みふける、そんな平和な露領の暮らしが偲ばれる。

明治二十八年に同郷の塩川萬代と結婚したが、子供に恵まれず、明治三十六年に実妹、平田さとの三男、正三を養子にした。直造とさとは二人兄妹で、直造が二十六歳のときに母親も亡くなっているので、一番身近な肉親として二人は殊の外仲がよかった。

さとの婚家は京都にあり、直造が日本に帰ったときの宿だった。正三の妹達は直造伯父さんのことをよく覚えていて、「大きな声でしゃべる元気な人だった」「日本に帰ってこられたときはたくさんのお土産をもらい、特にチョコレートやオイルサーデンの缶詰が当時の日本では珍しく、そのおいしい味は今でも覚えている。ウラジオは子供心にも大切なところだった」と言っていた。

この頃の日本は「近代化」への道を邁進しており、京都でも教育、府政、産業等さまざまな面で新しい制度が敷かれ始めていた。そういう時代の気風が直造の精神にも影響を与え、親族らもロシアの向こうにヨーロッパの近代文化を見ていたのであろう。

しかし「富国強兵」政策に裏打ちされた帝国主義と二人づれの「近代化」は、のちに直造らの運命を悲劇的な方向へ決定づけることになる。

最初の試練は日露戦争だった。日本国内が勝利に酔っていた陰で、ロシア領の日本人はすべてを失ったのだが、そのあたりの直造の様子を具体的に表すものは残っていない。

三　日露戦争後の日本人社会の発展と直造の活躍

直造らは戦争が終わるとすぐまた渡航して再起した。

一九〇九年（明治四十二年）のロシアの資料には、カレースカヤで果物店、一九一一年の土地売買契約書にはアレウツスカヤ五十五番地、一九一三年の写真には、同四十七番地で缶詰工場となっており、日本社会の隆盛期とあいまって営業を拡大していった。一九一三年の写真は、露国皇室三百年祭紀念博覧会に出品したときのもので、堀江缶詰工場とロシア語で書かれている。

この頃、直造が缶詰素麺製造工場を経営するようになったいきさつはこうである。

「一九〇九年一月一六日、ウラジオストクにおける『自由港』が廃止されると、日本人商人は打撃を受けた。というのも彼らが販売していた商品はみな外国からの輸入で、特に日本、朝鮮、中国のものだったからである。高い関税のせいでそうめんの輸入が全く中断した。そうめんはウラジオストクに住む中国人や朝鮮人から最も需要のあるものだった。しかし堀江はすばやくこの状況からの出口を見つけた。ウラジオストクに製麺工場を建設し、地元の中国人や朝鮮人住民に売りさばくことができたのである。

同じような状況はミネラルウォーター業界の最大手小林商店にもいえた。（略）他にも日本人商人は、自由港閉鎖のあと精米所の建設などに活路を見いだした。その原料は関税のかからない玄米のまま朝鮮から輸入された。この分野のパイオニアは日本の会社で、大幸喜三九の『協信洋行』、『妹尾精米所』や倉成浅吉と妹尾の共同経営の『迫間精米所』があった。

ウラジオストクの七大日本人企業家・会社は『永田、菅生、鐘ヶ江、太田、堀江、妹尾、協信洋行』で、地元で食料品を生産するかたわら、ヨーロッパ・ロシアから衣料を買いつけた」（一九九五年函館

居留民仲間

に於けるシンポジウムでのモルグン・ゾーヤ報告「ウラジオストクの日本人企業の歴史」）

　これらの名前は後述の直造や萬代の日記に登場し、居留民会で直造と共に行動した田子一也は小林商店代表である。

　一九〇七年（明治四十年）に「浦潮商友会事務所並びに露語学校創設に際し基金として」直造が個人で二十円（現在の二十万円以上か）を寄附したことに対する感謝状が遺っている。

　この露語学校というのは二章で述べたように、在留邦人のためのロシア語教育機関だったが、「これははじめ『浦潮商友会』という団体の付属だったが、一九一〇年一一月に居留民会の付属に移り、在学生徒数は常に九十人内外あり、日本人教師二人、ロシア人教師一人が教えていたという」（原暉之著『ウラジオストク物語』一九九八年、三省堂）。後の「浦潮日報」主筆、和泉良之助もここで教えていた。

　露領に根を下ろして生きるにはロシア語習得が大切と考えた居留民の、一時的な出稼ぎとは異なる

異郷に異彩

（十五）浦塩居留民会頭

堅實廿年の堀江氏

堀江直造氏

明治末の新聞

姿勢が感じられる。

明治末と思われる新聞の切り抜きは「異郷に異彩、浦塩居留民会会頭に推されている堀江氏」と題して、徒手空拳から始めた直造の努力と成功を、在留邦人の好典型として紹介している。

京都の自宅にある「家系図」には直造自身が書き込んだと思われる次のような記述がある。

「基本業トスル處ハ雑貨及果物類ノ直輸入卸賣商ナリシモ傍ラ鑵詰製造業ヲ始メ沿海州産蟹鑵詰及パイナップル鑵詰等ハ販路ヲ欧露迄擴張シ居タリ。其外メリヤス製造素麺ノ製造等ヲモ経営ス。傍ラ朝鮮米ノ直輸受託販売を業トス。公職トシテハ居留民会評議員タルコト前後二十五年間ニシテ其間ニ居留民会頭タルコト貳年、副会頭タリシコト弐年、商友会々頭タルコト弐年、果物商組合長タリシコト四年、大正十年全部公職ヲ辞ス」

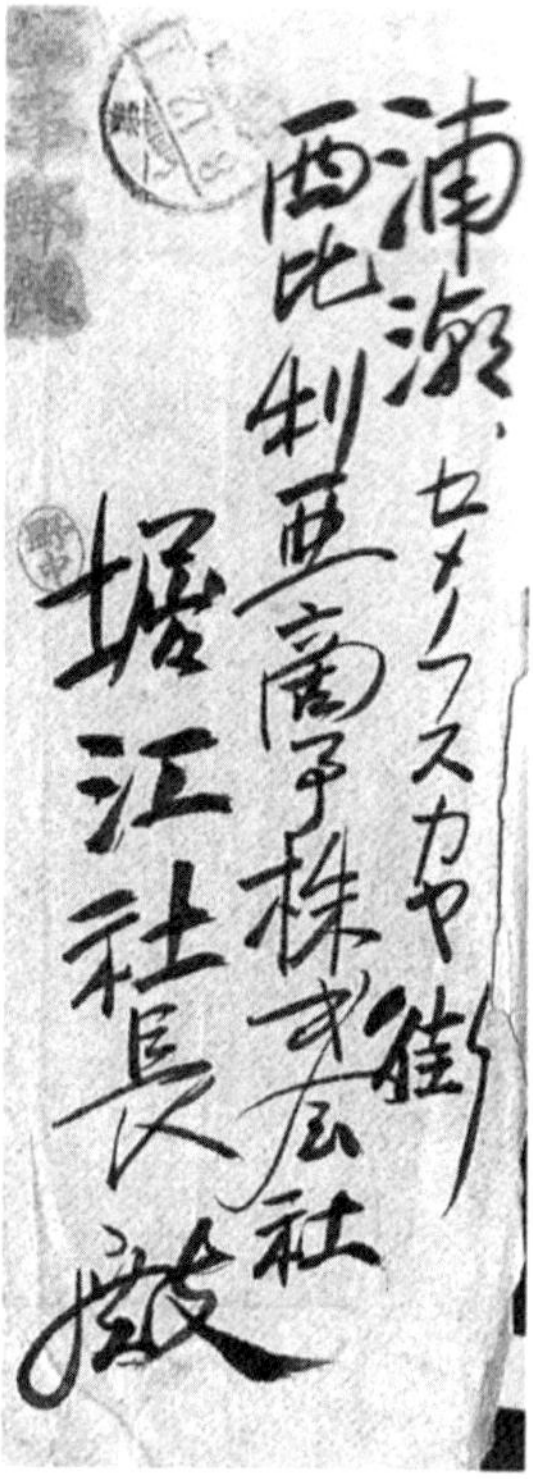

直造宛の手紙（表書き）

また外務省通産局編一九一九年一二月末現在の「在外本邦實業者調」（外務省外交史料館所蔵）の「在浦潮斯徳総領事館内」の「其ノ一箇年ノ取引、売買、製造、収穫又所得高等ノ一万円以上ニ達スルト認メラルルモノ」として一三七の商店、企業があげられているが、そこに堀江商店は資本金五万円、取引高三十万円、使用人員七人とある。また直造が社長となっている西比利亜商事株式会社は同じく百万円、百二十万円、三十五人で、営業品目は軍事用達となっている。個人商店が寄って作った株式会社で、資本の集中の始まりであろう。

革命と「出兵」の足音が聴こえるまでは生活と営業は順調に続いた。直造は居留民会や商友会（のちに商工会）の役員として、日本人社会の発展や日露交流にかかわった。その活動や暮らしぶりがしのばれる日記を遺した。また日赤浦潮支部に百ルーブルとか、郷里の舞鶴の小学校に二十円などの寄附もしている。物心ともにゆとりある時期であった。しかしやがて浦潮の暮らしの終焉につながる激動の時代を迎えることになる。

西比利亜商事ブラゴベスチェンスク出張所（1919年）

直造宛の手紙やはがきも十数通遺っている。軍関係者からのが多く、内容は駐屯中の接待に対する御礼や近況、日本人小学校への寄附などであるが、本格的出兵前から、居留民会と日本軍との結びつきが強まっていたことが想像される。菊池総領事とも謡の会などでの個人的交際の他に、居留民会役員としてもよく領事館を訪れている。軍、領事館、居留民会が一体となって「出兵」に協力した様子が窺える。軍人以外からの手紙では、日露協会敦賀支部からの「浦潮視察団を組織したが、諸般の情勢のためやむなく中止したこと」（一九一六年）や、京都本願寺からの「浦潮に出兵の慰問その他のため臨時部第三支部を設置し、太田覚眠を支部長に命じるのでよろしく」（一九一八年八月二十六日）などがある。その他のため、とは何か？「出兵」下の特殊な状況を感じさせる。

また第一次大戦中はロシアの同盟国だった日本は、ロシアに対する最大の軍需品の供与国となったが、物だけでなく人的協力もしていたことが写真と手紙から分かる。露国陸軍の獣医として戦地に赴く日本人が、遺書を高比良旅館で書き、居留民会会頭堀江に託したものだが、直造個人ではなく、居留民会々頭堀江宛であることから、居留民会はよろず世話役をやっていたのであろう。

この遺書の意味は「私はこの度露国陸軍の獣医に任命され従軍しますので、戦病死した場合は、その時もっているまたは与えられた金品の処分方法を、左記の通り浦潮斯徳日本総領事館に依頼していますが、万一の場合よろしくお願いします」ということで、身内への遺産分配方法を記している。

山田弥三郎　露国陸軍獣医

これが直造のもとに残ったということは、この方は露国陸軍軍医として亡くなられたのであろう。

直造にとって革命までの大正時代は、商売でも居留民社会でも最も活躍した時代だったが、やがてすべてがカタストロフィーへ向かう始まりの秋（とき）でもあった。

四　直造の妻、萬代の日記が語る浦潮の暮らし

萬代は一八七六年（明治九年）舞鶴藩士塩川左平次、シンの次女として生まれた。明治二十八年、十九歳で浦潮の直造のもとに嫁いできた。明治の女性らしく終始直造を蔭で支え、つつましく暮らしたが、商店主の妻として店員の働きや対外的なつきあいに気を配り、達筆の毛筆で日記を遺した。

それは明治四十一年から四十三年にかけての断続的なもので、日常の些細な事柄の描写ながら当時の浦潮の暮らしが偲ばれる。主語のない文の主語は直造のことで、まず夫の行動第一の記述である。

萬　代

草分けの頃から家族ぐるみの交際のあった人達の名前が出てくる。たとえば六章で述べる竹内一次氏はハバロフスク居留民で、直造と同じような道を歩まれた方、妹尾氏は大正時代も親交をもつ妹尾商店主、太田福子さんは太田良三郎氏（太田商店主）夫人、土屋氏はニコリスクで商店を経営していた土屋松之助氏と思われ、その他倉成は倉成浅吉、

居留民たち

永田は永田永重、小林は小林藤斗各店主で、明治三十五年の二等商店名の中にその名がみえる。菅生、鐘江（鐘ヶ江のことか）も大正四年の二等商店名の中にあり、その後も活躍した商店主である。

直造は商友会や貿易事務館に出入りし、日露戦争前からの商店主たちとつきあい、堀江商店は九人の店員をおき、閉鎖した吉岡商店の商品を全部買い取るなど商売は順調だったようだ。天長節の日、貿易事務館で宮城遥拝式を行うなど日本国内と同様であり、その後、海外在住の日本人に続く習慣もすでに見られる。露国や中国の祭日にも配慮し、また当時日本で盛んだった囲碁も毎晩のように行っている。

何げない日々の暮らしの様子も、あまりこういう記録は残ってないので面白い。大栗や松茸をもらったり、竹の子や長芋を贈るなどの日本の主婦らしいやりとり、日本式風呂屋の盛況ぶり、中国の盆まつりには中国人の店員に暇と小遣いをやって遊びに出したり、日曜日ともなると家の前でも泥酔者の喧嘩が多くて（ロシア人は昔からウォツカが大好きだったのか）物騒だとか、日本にやった正三のこ

居留民たち

とを気遣ったりしている。ハバロフカやブラゴィシンスクという言い方も現地の発音に近いし、「十月二日、陰暦八月一五日、この夜月きよくむげに室内にこもりおるも心もとなれりど、流石に西比利亜の宵寒くして長く外におるも得難く宅に引籠りて石原と碁を囲ませらる」という描写もロシアの風景を思わせる。

庶民の平凡だが前向きな日々の暮らしは、今となっては浦潮の大切な思い出のひとひらである。

萬代は大正になって居留民の夫人達と共に、日本赤十字社浦潮支部のボランティア活動や、自衛団慰問バザーの世話役をするなど社会的な活動もした。そのときの感謝状や居留民の夫人たちと一緒に撮った写真などが遺っている。

五　直造の日記が語る商売、革命、「出兵」、日本人居留民会、日露交流

直造、萬代、そして帰国直後の正三の日記からは、三人三様のウラジオストクとのかかわりと思い入

れが読みとれる。なかでも直造の日記は民間人からの歴史の証言ともいえる内容である。原文は後に掲載したが、ここでは私の印象に残った部分を私の解釈で紹介させていただく。

直造の日記は一九一六年から一九一八年に書かれたもので、内容はおおよそ次のようなものである。

＊一九一六年五月二十七日～六月十日、八月三十日～十一月二日
日本へ商品仕入れのため帰国、青森へりんごの買い付け、輸送、送金等につき浦潮と電報連絡

＊一九一七年五月九日～七月二十七日
同じく商品仕入れに帰国及び朝鮮でのりんご視察、知人訪問

＊一九一七年八月十五日～九月十九日
露国輸入禁止及為替禁止の解除運動のため帰国し政府交渉。「浦潮日報」の活字、印刷機具の買い付け

＊一九一八年一月一日～九月九日
居留民会の活動、石戸商会事件と日本軍の上陸、日露市民の交流、商工業者の動きや街の様子、日本軍や領事館との協力、「出兵」で日本政府へ請願書提出と大臣らとの会見、軍事用達社設立

一八年は革命の進行と「シベリア出兵」の始まりという年で、居留民会役員という立場からの公的な行動の記録が殆どである。私が堅実な日本人居留民の活動とか日露友好があったと確信を深めたのは、この日記をひもといてからである。はじめは人名や行動が淡々と綴られた一私人の日記をさして面白いとも、資料的価値があるとも思わなかった。しかしその当時の社会背景を重ね合わせると、人名も行動記録も民衆の側からの実情報告であり、訴えであると思えてきた。直造以外の人達の名もあるからこそ普遍的な意味のある訴えであると……。

一六年、一七年のは歴史的な事件はないが、浦潮の日本人商店の典型的な営業と生活が想像され、今とかわらぬ日々の暮らしが偲ばれる。そういういつの時代にもあった民衆の日々の営み、ささやかな幸せが国策と世界の流れの中で破壊され、喪失されていく――。ウラジオストクもその一例だった。事実から見てみたい。

一九一六年五月、六月、八月から十一月、一九一七年五月から七月、日本に帰国し、青森へりんごの買い付け等をしながら、送金や輸送に関して電報で浦潮の店と頻繁に連絡を交わしている。

日本のりんごは浦潮で人気があり、初期の頃からの日本人商店の主な取り扱い商品だった。

堀江の他にも何軒か青森へ仕入れにきており、「林檎連中」という言い方をしているのも面白い。

「五十嵐の荷物を検査するに、品質劣等色合悪く斤量不足せり。直ちに帰宿し他出張員と協議し、各店の品全部検査する事とし（結果を）輸出組合事務所に掲示す」というように、お互いに協力もしていたようだ。輸送には鳳山丸、交通丸、義勇丸が使われ、敦賀の吉田回漕店などが活躍していた。青森からも敦賀からも出港していた。送金は電報為替で行い、弘前五九銀行、山口銀行、第三銀行などが使われていた。

仕入れの規模としては「トマト壱万個注文す。西谷商店へ行き満紅壱車買附く。本年は尚未だ色附かず割合に売値高し。電話にて満紅壱車、紅絞一車注文す、色合よしとの報告なるに付き少し高値なれども気張りたり（満紅、紅絞はりんごの種類）。満紅充分色附なしと雖二十四日の交通丸に弐車出荷し方注文す。交通積荷壱万個の制限来る」というように一貨車単位で買い付けた。それを浦潮から極東ロシア各地へ卸したので、生ものでもあり輸送には腐心した。

仕事の合間に浅虫温泉に行ったり、展覧会を観たり、政談演説を聴いたり、親戚を訪ねたり等息抜きもしている。「小林商店員藤田氏来石（黒石というりんごの産地に滞在している）同宿す。夜、藤田君と久しぶりにて熊野一番を謡ふ。藤田君の小袖曽我を聴く。閑を得て当町の日連宗の妙径寺と云ふへ行き、和尚に面会約一時間半対談す、なかなか面白き人なりし」とも。

またこんな句も残している。

堀江商店へ出荷する日本の業者（1911年7月）

「ガタ馬車に　揺られて陸奥へ　林檎買ひ」

「林檎畑　時雨るるひまの　団欒かな」

雨宿りしながら土地の人と浦潮の話でもしていたのだろうか。のちの革命下の緊迫した状況に比べて、りんごの仕入れの話というのは、なんとなくホッとする雰囲気ではある。一七年五月に日本に来たときは、帰途朝鮮に寄りりんご農家の状態やりんごの品定めをしているが、品質に満足せずわずかしか仕入れていない。しかし将来は輸出に耐え得るだろうともみている。

釜山、大邱、京城、元山（かっての商店主、西澤源次郎氏の身内が商店を営んでいる）などへ立ち寄ってこんな感想も残している。

「(元山の）市中は樹木及山景にも富み一小市街として風致のある町なれ共、海岸阜頭の発達は遅々たる如くに思はれたり。一二年前と進歩は僅少なる感を与へたり。此港の将来は余り価値なき様に思はる。（京城で）午前露国総領事館へ行き旅券の査証を依頼し帰る。帰途景福宮を見る。昔王城の盛大なりし頃を偲ばる」

在外公館でビザを更新するやり方は今と同じだ。景福宮の前にやがて日本の総督府の建物がたちふさがることは知るよしもない。

二月革命の前年ではあるが、中央政府では社会主義運動の影響による政策も次々出されていて、仕入れながら不安もあった。りんごが贅沢品とも思えないが、贅沢品の輸入を禁ずる法案もそのひとつだった。

「九月三十日　朝　（浦潮より）入電、ゼイタクヒン　ユニウキンシホーアンケッテイシタ　スヒジセタイシデン　カジツトアル　クダモノカキキアワセチュウ　ワカリシダイシラス　コオツマダコヌ

（コオツは交通丸）

十月十八日　昨日東京日々新聞に露国禁輸延期の記事ありたり。今朝浦潮へ打電す。午後九時過ぎ返電来り『禁輸延期キカヌ　金出来次第送ル　大阪デ成行見ヨ』」

そして遂に浦潮での輸送が困難となり、りんごの輸入は無理となった。

「浦汐より谷商店出張員への入電に依れば、貨車無く大暴落との事。浦汐へ打電す。

『アト積荷ヤメタ　金来次第　引揚ル』

十月二十日　昨夜朝日氏宛て入電に依れば、浦汐は貨車無き為売行きなく一個も積むなと申越たり。以て同地の商況を知ることと云ふ。次回には一個も積入せぬ予定にて閑散と旅宿に引篭り居て苦しき、只送金の来るを待つのみなり」

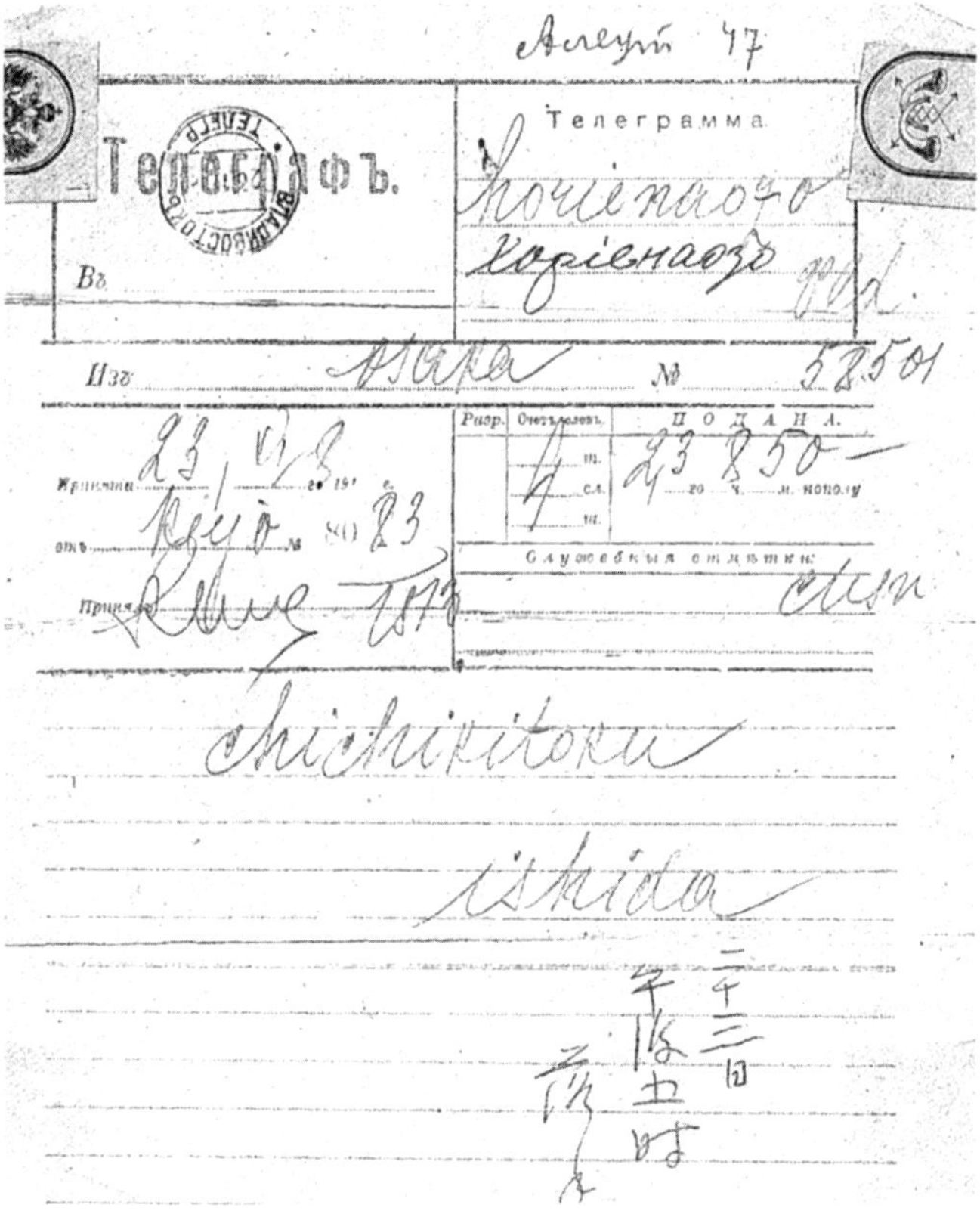

日本から浦潮の堀江への電報

なぜ貨車が無くなったのかわからないが革命運動の影響だろう。浦潮から極東ロシア各地への食糧物資の輸送手段が乏しくなり混乱した様子が窺える。

りんごの他にもいろいろな日用品も日本で仕入れたのだが。

「一九一七年八月十五日露国輸入禁止及為替禁止に対し、その解除運動のため上京委員として東上す」と題されたページでは、九月十九日まで日本に滞在し、露国の政策が変更されるよう尽力を日本政府に働きかけている。輸入為替禁止というのは、革命政府が外国の干渉や自国ブルジョワジーの国外亡命を防ぐためにとった措置だが、国民生活に必要な貿易まで困難になり、外国人商人は決済もできず窮地に陥ったので、日本政府に陳情にきたのだ。

このときは居留民会副会頭だった直造と会頭の大幸喜三九氏（協信洋行代表）、それにハバロフスク居留民会長の竹内一次氏が、共に日本人居留民の声を伝える代表として日本に赴いた。

「八月一五日　午後一時鳳山丸にて大幸氏及竹内一次氏と僕の三人乗船す。国外出入り禁止中なれど特に許可を得たるものなり」と期待をになってきたのだが、所期の成果は得られず、日本政府要人の応えは抽象的なものに終始している。

大阪日露貿易協会で役員らと面会し、ちょうど来日しておられたマトゥヴェーエフ氏と会い、急ぎ東京へ行った。政府や日露関係の主な人々と会談するが、要するに、ロシア政府に解禁を促すと共に、為替禁止のため代金決裁のできなくなった貿易業者に、一時的に金を貸す対策を考えるしかなかろうというのが大方の意見だったが、具体的な進展はなく、結局直造らは窮状を訴えたに終わっている。

会計検査院の田尻博士、日露協会の目賀田男爵、ロシア通の前田正名氏を訪問し意見を聞いているが、「適切なる意見なるべきも一寸急に間に合わず」「對露の問題は日本人民七千万人の声なりとして大いに覚醒させる積りなれば充分にやられたく云し、御尤なれど現時の実際的には少々マドロカシと思うたり」とあり、その後も官僚を訪ねて訴えているが、マドロカシさは変わらない。

内務大臣後藤男爵、中小路農商務大臣も訪ね、農商務大臣からは「現今品物を先方へ渡し済となり代金受取るべき金高何程ありや」と問われ、「計壱千万円ならんか」と答えている。当時の総計一千万円というのはかなりの金額で、各零細貿易業者には死活問題であったろう。

政友会や東京商工会議所会頭藤山雷太、横浜正金銀行、憲政会、国民黨と、手分けして精力的に陳情しているが、對露貿易解禁期成同盟会なるものを結成し、いろいろ論議はあったものの結局、具体的な良策は得られず、横浜の對露貿易大会に出席してこの陳情旅行は終った。

政府は浦潮を国策の先兵的な土地として重視していたにもかかわらず、現地商人の痛みに関しては直造らとは温度差があったようだ。

先の贅沢品輸入禁止令については、「輸入禁止、昨三十日より実施発表の由、而して除外令は何等実行の模様なしとの事。夜、浦汐へ打電す。『ユニウキンシ　ジョガイレイアルカ　リンゴ　ユニウヨイカ　シラベヘン』　浦汐より入電。『一四ヨリ実施ノ筈除外令来ズ　直グ知ラス様、大使電請シタ　来ル迄マテ　スグシラス』」

と、ロシアで需要の多かったりんごの輸入にはこだわり、九月九日に青森行きを決心し紅玉など一貨車分を仕入れている。りんごは除外されたかどうか不明だが、十四日遂に輸入禁止は実施された。

今回来日したのにはもうひとつの目的があった。それは「浦潮日報」の活字等印刷機具一式を購入することであった。

輸入為替解禁運動もさることながら、この「浦潮日報」の活字等を大幸氏と相談して購入した記述も注目に値する。この年十二月に発行された「浦潮日報」は、日本人居留民にとって重要な新聞であった。ロシア語の地元紙はあったが邦字紙はそれまではなく、ロシア語がわからない日本人が、緊迫する情勢や日本の情報を適確に知るには、日本人の手になるこのような新聞が必要であった。創立者で主筆の和泉良之助氏は東京外国語学校ロシヤ語科出身で、ロシア語教師をつとめたこともある日露交流の要ともなる知識人であった。同氏や浦潮日報については『「浦潮日報」創立者　和泉良之助』（桧山邦祐著、サンケイ出版、一九八一年）に詳しい。しかし日報の運営や資金面のことは、同書でも殆ど触れられていないが、居留民有志の出資による株式会社であったこと、運営面での協力を直造ら主な株主がしていたことが直造の日記からわかった。この活字等の買い付けも和泉氏の命を受けたものであろう。また「浦潮日報」の題字の揮毫を日露協会の目賀田男爵に頼んでいる。「伊藤喜蔵氏に依頼せし印刷機の事に付いて築地活版製造所の木戸金朔氏来訪。日報の計画に付いて其用品の予算見積書を作る事を依頼す」「築地活版所へ行き一切の器具、活字、機械等を注文す」「器械一式を大阪光延氏へ注文す

浦潮日報

創刊を祝して

祝辞

祝辞

祝辞

祝辞

祝創刊

安田丈逸
服部富造
竹内一次
捻松長吉
稲原了慶
矢野常太郎
野副権市
田崎義雄
田代梅太郎
高村權次郎
藤崎喜熊
荒木安治
南三郎

浦　潮　日　報

る事とす」と、同行の大幸会長と相談して決めている。因みにこの伊藤喜蔵氏というのは、今もイトーキという名で存在する文具店の人である。

　こうして「浦潮日報」は、和泉良之助氏を表に

立て、居留民会役員がさまざまな協力をしながら続いた。

現在その一部が図書館や大学に残っている。今日の商業紙の美しい紙面とは比べものにならないが当時の世相が読みとれる。邦人の多くが引き揚げてからも残った人達によって昭和四年まで続けられた。

一九一八年の一月一日から九月九日までの日記は、直造自身の商売のことよりも日本人居留民会の公的な動きや現地の様子が殆ど毎日にわたって綴られている。内容の大半は日本人居留民会の活動と「シベリア出兵」という干渉戦争に進む日本軍、総領事館にどのような形で協力していったかの事実の記録である。ここで行動を共にした人々も何年かのちには浦潮を去り、日本人がかかわった歴史の頁は閉じられてしまった。その前に確かにそこに生きて活動した人々の記録としてみてみたい。

日記に登場するのは次のような人々や団体である。

妹尾憲治＝精米業妹尾商店主で堀江商店と同じビルに。田子一也＝小林商店代表、露人に信頼厚い。中村謙吉＝日露商会主、日露親善第一人者。末兼三彦＝協信洋行役員、自衛団責任者。岩瀬治三郎＝三井物産主任、商工会会頭。倉成浅吉＝精米業倉成商店主。伊藤薫＝大阪商船主任。大幸喜三九＝協信洋行代表、居留民会頭。川辺虎《たけき》＝居留民会初代会頭。鍋島創一＝商工会理事。林圭三＝林洋行代表、商

工会評議員、露日協会委員。鐘ヶ江傳三郎＝雑貨商鐘ヶ江商店主。八坂雅二＝八坂自動車代表。川島文吾＝小学校長。脇深文＝代辯人、通訳。藤居＝堀江商店員。大河内弘＝堀江商店員、父は取引相手の大阪の商店主。近藤繁＝輸出入業近藤商会代表。下田滋＝輸出入業下田商店主。久原《くはら》＝ブラゴヴェシチェンスク市の久原《くはら》鉱業（参考文献、杉原庄之助著『浦潮小観』など）。

和泉良之助＝東京外語卒業後、浦潮へ渡航、居留民会理事、付属露語学校教師等を経て「浦潮日報」創立、主筆となりジャーナリストとして活躍。

スパルヴィン博士＝東京外語ロシア語科教師の後、浦潮の東洋学院、極東大学教授、日本通（桧山邦祐著『「浦潮日報」創立者　和泉良之助』より）。

マトゥヴェーエフ（マツウエフ）氏＝函館に赴任したロシア領事館付医官の子として生れ、のちにウラジオストク市長代理、新聞経営者になり、浦潮の都市建設にも貢献した。日本研究の第一人者。（大庭柯公著『露国及び露人研究』より）

「松風会」「月見会」は謡曲の、「木曜会」は時局問題を話し合うサークルだったようだ。

なおロシア語のアルチェーリは協同組合、組織、ドラッサは暴動、騒動、リーグは同盟、仲間、といった程の意味で、ゼムストヴォは帝政時代の地方自治組織の最小単位である。

商業会議所はロシア人の商工業者の団体、商工会は日本人のそれである。

哈府はハバロフスクのこと、武市はブラゴヴェシチェンスクのことを当時そういった。

直造日記に登場する軍関係者は、加藤寛治少将、内藤省一少佐、池中堅三少佐、坂部十寸穂《としお》中佐、中島正武少将、などであるが、加藤少将は「出兵」の最高司令官、その他の人達の任務を当時の社会背景を含めて見るとこうである。少し長くなるが、日記の行間にある社会背景を知ってもらう意味で引用する。なお直造は池永少佐と書いているが、池中少佐の誤りではないかと思われる。

「海軍首脳部はにわかに忙しくなった。寺内首相は、是非とも英国に先んじて日本の軍艦を浦潮に進入せしめることが急務であると主張、司令官には『外交的手腕もあり海軍内部切っての露西亜通』という閲歴が買われて、加藤寛治少将が一月六日づけで任命された。加藤は日露戦争前ロシア駐在員を務めた経験をもつ。石見は英艦サフォーク入港の前々日、十二日、いま一隻の朝日は十八日に浦潮に到着する。加藤司令官は十三日より内藤・池中両少佐をして情報の収集にあたらせた。

石見が入港した日、菊池総領事は州ゼムストヴォ参事会議長と市長宛てに通牒を発し、日本艦入港の目的は居留民を保護するためであって内政には干渉しないと言明したが、そのような美辞麗句によって住民の反撥をかわすことはできなかった」「(参謀本部は)要地に諜報員を配置し、さらに『情況偵察』のため参謀本部員坂部十寸穂中佐を浦潮に先発させたのち、陸軍中央部はロシア大本営附武官の経験をもつ参謀本部第二部長中島正武少将を現地に派遣した」(原暉之著『シベリア出兵』)

寺内首相は中島に「極東に日本の息のかかった緩衝国、すなわち傀儡政権を現地「穏健」分子をして組織せしむること」を口授している。（同書一七八頁）。その後中島は武市（ブラゴヴェシチェンスク）に潜入し、石光真清、島田元太郎らと共に「過激派」打倒に深くかかわった。武市で日本人居留民は義勇団を結成し、日本軍を後盾に反革命軍勢力と共に武力闘争にもかかわっていった。

直造の日記の一九一八年は、浦潮ではまだ日本軍との直接の武力闘争は起こっていないが、居留民会と軍幹部との結びつきは次第に深まっていった。一九一九年以降、浦潮でも日本軍が行った武力（的な）闘争があり、居留民がどのようにかかわったか、今後の研究課題であると思う。

さて日記は、前年の十月革命の影響は徐々に極東にもやってくるが、まだ在留邦人には切迫感はなく、例年のような穏やかな正月風景で始まる。日本人商店の立ち並ぶアレウツスカヤ通りから斜めに入った横町カソイペレウーロクにある日本料亭「常盤亭」で、連日新年会や謡曲の会が続く。そんな中で、

一月十二日　帝国軍艦　石見入港す。
一月十三日　午後十二時頃北方あたりで銃声聞ゆ。約一時間なり。自衛部へ報告す。
一月十四日　英国軍艦入港す。本日は露国正月元旦に当るといえども淋しかりし。

一月十八日　軍艦「朝日」入港す。夜、茶話会を開き昨年度の賞与金を店員、缶詰部員及料理人にまで与え、将来に対しての訓示をなす。

一月二十日　午後四時より領事館へ加藤司令官及総領事の催しに関る「アトホーム」に列席す。午後七時過ぎ帰途、常盤に行き松風会の宴席に列す。

と軍艦の入港や銃声騒ぎに少し情勢が感じられ、浦潮日報も不安な世情を報じているものの、宴会や趣味を楽しむいつもの正月風景がある。

この二十日の日本総領事館による加藤司令官紹介を兼ねて、日露の主だった人々を招待したパーティーには、市長と要塞司令官は出席を拒否した。なぜなら日本艦の、ロシアの承諾も予告もない入港は、「主権の侵害であり、在留日本人の保護はロシア官憲の責任であり、日本政府のとった行為は隣国の親善を進めることにならない」と抗議していたからだ。(原暉之著『シベリア出兵』)

十九日の居留民会総会で直造は副会頭に選出された。浦潮日報社は役員会、総会を開き、前年十二月に創刊以来順調にすべり出し、大商店小林商店が役員になっていたことがわかる。

一月二五日　午後三時より商工会役員会に出席す。露大使手形の件に付き連合会本部よりの通知に関し協議せり。秘密に聞くところによれば、レーニン政府は当税関長宛打電して曰く

「貿易財務官の設立せらるるまで当分全露国の輸出入を禁ず」

と。右に関し税関長も不同意を称え居るを以て目下考慮中なり。

つまり革命政府は当面輸出入を禁ずる方針をとったが、地域の税関長は（それでは生活に不便をきたすので）不同意というわけだ。そういう状況はその後も起こっており、モスクワのレーニン政府と極東の地方行政との齟齬とも見える。

二月になると「出兵」への助走か、日本海軍や加藤寛治司令官との交流も頻繁になってくる。部隊上陸の際はその接待、協力に奔走するのは、居留民会の日常活動であり、軍の駐屯にとっても不可欠のことであった。

この時期、浦潮在住の外国人商人が中心になり、外国人大会なるものが開かれている。主催者等はちょっとはっきりしないが、「(外国人としては）食料物資欠乏より来る現状なるを以て之を豊富に安価に供給する方法を講ずを第一の必要と認む」という基本姿勢を確認し、ロシアの当面の政治課題はともかくとして、現実に浦潮市民が困っている食料物資の安価で豊富な供給に努力しようということだった。

後日、外国人市民会なるものが結成され、商工会役員会では個人で入会するよう薦めることになった。

またゴーロス・プリモーリヤ（沿海州の声）という地元の露字紙が革命派による圧力から逃れるため、日本人に株主の肩代わりを依頼してきたという（「ハルビン・ウラジオストクを語る会」機関紙「セーベル」七号、杉山公子「浦潮に生きた人々」）

肩代わりするについて、株の募集を浦潮日報社株主主宰とし、有志に出資を割り当てている。この割合は各々の財力に応じた措置であろうが、浦潮日報の株主と重なる人もあるかもしれない。日報の方では役員をしている和泉、小林、堀江などはこの割合では少なすぎるだろうが。

「ゴーロスプリモーリヤの株主総会決議に付き、一、日本人一名無限責任株主に加入を許す事。一、日本総持株は六万留を超過せざる事。一、ゴーロスプリモーリヤの株金募集は浦潮日報社株主主宰となり、知己朋友に勧誘する事とす。有志者の割当て出資は左の通りとす。概定　壱株　二五〇留。三井二十、久原二十、鈴木二十、大倉十五、原十五、商船十、協信十、小寺十、湯浅十、八坂十、光武五、以上百四十五。他に　小林、妹尾、中村謙、堀江、倉成、和泉、一」

二月二十四日に露日協会創立会があった。日本側の委員は次の六人でペテルブルグの露日協会とは別個の会であった。大幸、小西、中村謙、林圭、松田（三井）、和泉。

露日協会創立がこの時期にされた理由が特にあるのかどうかわからないが、ロシア側からはスパルヴィン氏が加わり、ここにある六名は日露交流における日本人の代表たる人達である。この露日協会に全会員加入することを商工会総会で満場一致で可決している。革命下でさまざまな問題が発生するなか、ロシア側の同業者である商業会議所との交流もしばしば行われている。

革命派（労兵会、過激派、という表現が日記では使われているが）の活動と利害が衝突することもあり、その度に日本人商工会や居留民会は、ロシアの商業会議所や税関吏、行政官など当時の体制側の人達と協力共同することが三月になるとふえてくる。主な日本人居留民が反革命の側に、次第に、自然に組み込まれていく姿ともいえる。

二月に起こったアルチェーリの拘禁という出来事もそのひとつで、三月までひきずることになる。アルチェーリというのは帝政時代の行政の末端である協同組合で、対立する革命派がその役員を拘束したことから、商工業者がそれに抗議し、解放を求めるということが起こった。日本人商店もこれに賛同し、同盟休業することになった。

「三月五日　小学校に於いて民会議員会を開く。明日より実行さるる各商店の同盟休業は決して国交上に何等関係あるではなく、労兵会より商業者に不便不利の措置をなすこと多きに依り、これらを除去せんの主義に依り実行するものなるを以て、各部の人は軽率に動揺せざるよう注意ありたしとの事」

ということだったが、まもなくアルチェーリは解放されてこの問題は解決した。このことで協力した日本人商工会は、ロシアの当時の体制側の信頼を得て、ますますその結びつきは強くなっていく。そしてまた同じような事件が起こった。商業会議所会頭他三名の主だった経済人が拘禁され、ハバロフスクへ護送されようとした。ロシア側は日本人にも応援を求めてきたがすぐ解放された。商工会役員は商業会議所を訪ねて無事解放を祝うと、先方は今後も尽力を頼むとの挨拶があった。拘禁の詳細や労兵会との交渉の模様を、五、六百名出席の商工業者大会で報告した。

こうして日本側の商工会とロシアの商業会議所のメンバーは親交を深めていく。たとえば次のように。

三月十三日　午後三時常盤亭に於いて商業会役員書記、アルチェーリ、税関長らを招待し、茶話会を催す。当方は商工会役員及漁業家稲川氏、高田商会松瀬氏、小西氏ら計十五名、露人十五名。こもごも立ちて希望、日露親善を叫ぶ。時事に関する談話もあり。家族的にして意を尽くせるように思わる。

この日記を通してずっと感じられることだが、居留民会も商工会もよく合議して物事を決めている。あたり前のことかもしれないが、浦潮にはボスのような人はおらず、似たような力や経歴の人達が情報を交換し、とるべき行動を協議していた。ニコライエフスクの島田元太郎《もとたろう》のような人はいなかったようだ。彼はニコライエフスクで最も成功した日本人実業家で、総統の異名をとり、島田商店独自の貨幣を発行するほど経済的にも社会的にも権力をもっていた。

また日本との定期船が入港・出港するたびにそのことを記しているのも、浦潮の人びとにとって大切な生活のメリハリだったのだろう。

世情不安がます中で、ある夜ロシアのリーグ（自警団のような組織か）の委員が訪ねてきてこんな依頼をした。

「市中の治安保護の為に、日本の自衛団より今夜より二、三名の派出を願いたし云々。是に対し自衛団の目的を説明して断絶す。

曰く、自分の方では日本人を数名、月給二二〇留にて雇入れたし、周旋されたし、との事なりしを以て『それでは出来得る丈其労を採るべし』と答う。

なお、ピストルの準備自衛団にあらば借入れたしとの事なりしも、之は無しとて断り置く」

商業会議所会頭らが拉致された時も、ピストルを借用したいといわれたが不可能だと断った。

ウラジオストクの自衛団は武器はもっていなかったのだろうか。またその性格や活動方針、ロシア側との関係はどうだったのだろうか。ブラゴヴェシチェンスクでは、市当局が組織した「自衛団」の有力な構成部分となった日本人義勇団が、武装して積極的に反革命勢力に加担した。これは中島正武少将や石光機関が背後で画策したものである。そして三月六日に居留民をも巻込んだ武力衝突を引き起こしている。中島の現地工作には石光のほか島田元太郎も関与し、二月にブラゴヴェシチェンスクからウラジオストクにもどるとき、中島は石光に以後の任務は諜報でなく謀略であることを示唆している。謀略とは、反革命勢力に決起を促し、武装した日本人居留民を加担させることである（原暉之著『シベリア出兵』8章より）。

浦潮と武市は同じ条件ではないにしろ、このような意図をもった中島少将や池中少佐が、領事館とはかって浦潮でもそのようなことをしようとする方針がなかったとは言いきれまい。

その後自衛団と加藤司令官、中島少将や内藤少佐らとの結びつきは強まり、居留民会、総領事が一体となって、やがてくる「出兵」への準備が整えられていく。直造らはそれまで商売を通してロシアの役人や経済人など体制側の人達とつきあう中で、自然に反革命の側に組していった。居留民会としても日本軍に協力する中で、干渉、侵略をする側に組み込まれていった。当時の日本人のほとんどはそれに批判はもたず、日本軍を頼りになる存在と見、「過激派」は困ったものだと思っていたのだ。直造もいわば生活の中からそういう意識になっていった。盛会だった自衛団春期大会での加藤司令官の講演に「国民の肝銘置くべき立派なるもの」と感激している。この大会にはやはり中島陸軍少将はじめ軍のお歴々が出席した。この頃武闘のあった武市から難民が来たり、「哈府は全部過激派になれりとのこと」

というように各地の革命運動の情況が伝わってくる。

小学校の卒業式に内藤少佐や坂部中佐など例年になくたくさんのＶＩＰ、それも軍人が参列するようになった。居留民会に属する学務委員会が小学校の管理をし、校舎もよく民会の会合に使われ、軍は駐屯の際、小学校によく寄附をしている。平時でもあることだろうが、「出兵」の情勢下、官民一体のレールが強化され始めた証のように私は感じた。

一方、露日協会総会には六百人もの参加者があり、スパルヴィン博士や小西博士の講演があり盛会だった。市民レベルの交流は続き、浦潮日報の発行にも皆熱心に取り組んだ。妹尾、田子、伊藤各氏の役員と共に、「職工の品行及内部の紛争について取調べ訓戒を与え」たり、給料の規定を設けたりしている。

民衆の自然な交流、それと並行して「国家」として民衆に見せずに進められていった侵略的戦略において、民間人である居留民会、政府の末端である領事館、そして駐屯している日本軍がどのようなかたちで「協力」していったのか、「出兵」の末期では人々の意識も含めてどうなったか私は知りたい。そういうことは世界史の中で、他でもあったことだ。しかし「シベリア出兵」下での民間人の証言としては私はあまり知らない。

そうして四月になると、いよいよ出兵への前哨戦となる海軍陸戦隊の上陸、その口実となった「石戸商会事件」が起こる。しかしその前日でさえ次のような商売人レベルのなごやかな交流は続いていた。

四月三日　午後六時より露人商業会議員及東清鉄道及アルチェーリ、過日当方より招待せし人よりの招待を受け列席す。以前セベリョーフ氏の旧家屋にして、自今、倶楽部となり居し様に見受けらる。会食中双方に種々卓上演説ありてなかなか盛んなりし為、此会合、年三、四回なさんと申出しところ（日本側より）露人は「少ない、月一回にせん」とて賛成者多く其事に定まる。

浦潮の生活をやがて破局へ導く弔鐘となる「石戸商会事件」は翌四日に起こった。日本人貿易商石戸商会にロシア人の賊が押し入り、店主石戸義一とその甥に重傷を負わせ、弟、石戸精一を殺害したのだ。そして翌日未明、日本海軍陸戦隊が「居留民の生命財産保護」を名目に上陸したのである。これが実質的に「シベリア出兵」の始まりとなった。この事件は軍部が仕組んだ謀略だったのではないかとのちにいわれている。

このような事件が起こるべくして起こった社会背景を、また引用になるが少しみてみたい。

「三月下旬、郵便・電信の掌握に乗り出した浦潮労兵ソビエトとこれを阻止せんとする勢力との対立から緊張が高まった。ソビエトは二五日午前電信局にコミサールを派遣し赤衛隊を歩哨に立て、局員はストで対抗した。その午後対応策協議のため開催された領事団会議の席上、菊池総領事は在泊中の軍艦からの兵員上陸を主張し、各領事いずれも自国政府に陸戦隊上陸を要請することに決し、アメリカ領事は『此際日本カ在留民保護上単独行動ヲ執ルト雖モ毫末モ不都合ノ理由ナシ』と言った。

日本国内では陸海軍のバランスという観点からも、陸戦隊上陸を是認する素地がつくられていた。セミョーノフ支援を本格化した陸軍は干渉の足場を築きつつあり、海軍の対抗意識を刺激するに十分であった。

この事件のとき、店内は荒されておらず殺害だけを目的としたことは間違いない。民警隊長、刑事捜査部長、軍事コミサールが駆けつけたが、日本側は彼らに検屍も事情聴取も許さなかった」(原暉之著『シベリア出兵』より要約)

「出兵」時の日本総領事　菊池義郎

日記はこの事件と続いて陸戦隊が上陸したときの様子を次のように述べている。

四月四日　本日午前十時、石戸義一氏方へ四名の凶徒、買物をなす風を以て来店し、本の値段を聞き居たる由なるが、直ちにピストルを差し向け手を上げよと命令せるに、義一氏はそれに構わず他方へ寄りし処を一発、続いて二発連発し、同氏の顔面其他に重傷を負わせ、続いて同氏の弟に迫りて又数弾を撃ちて死に至らしめ、入口の戸の処に於いて、青年を一発の下にしたり。大騒動となりて、日本人は処々より聞き伝え集り来たり。領事館、海軍、民会自衛団等よりも来たりて、其前に負傷者は八坂氏の自動車を以て市立病院に運び其後の策に尽力せり。実に惨たる光景にして在留邦人の大恐慌を来たせり。

民会にては直ちに役員会を総領事館内に開き、続いて臨時議員会を小学校に午後二時より開きて結局、我が外務大臣及内閣総理大臣宛て此地の秩序紊乱の状態と無警察の有様を具さに、今日本邦人白昼凶徒に惨殺されたるは、今や一日たりとも本邦人は安心して在住する事能わざる危険に迫れるを以て、何等かの方法を以て救護されん事を居留民一同を代表して副会長自分の名を以て請願する事に決し、早速海軍の無線電信を以て発信されん事を内藤少佐に請い快諾を受けて帰る。

本日居留民大会なるものを同じく小学校に開けるありて、非常の参集人ありて小学校内運動場は立錐の余地なきに至れり。此大会に於いても吾人に安心し得る方法を急ぎ講じられん事をと領事まで決議書を差出せり。

四月五日

午前五時過ぎ我が海軍陸戦隊上陸を始む。本願寺に一隊を、領事館に本部を置けり（総勢約五百)、威風堂々全市を圧するの感あり。全市の外国人は勿論、露人も中産階級の者は皆一口に喜びの色あり。此夜の中に自衛団員をして各電柱に貼付せしめたる司令官の告示を読んで喜色を浮べるあり。又何等の感応を見ざる如きあり。

スウェッランスキ街の四角及総領事館の前は群衆を以て満たされ、皆それぞれに議論を唱え、終日絶えざりし。市中一般の人気緊張し居るを感じたり。

午後中村春寿なる人来りて、石戸氏の加害者は或るコーヒー店にて学生(東洋語学校)の談話によれば、石戸氏方裏に居住せる某とて、元は第四連隊へ出ておりたる者等四名なりとて、其名をも知らしくれたりとて報告されたり。

総領事館にて田子氏に遇いたれば其姓名・住所とも同氏は書留め置かれたりとの事なりしを以て、すぐ田子氏に面会し聞き合せたるに、池永少佐迄上申し置きたりとの事なりし。

金角湾に停泊してはいるが上陸の口実は見出せないでいる海軍陸戦隊にとって、石戸商会事件はまことに〝好都合〟であった。巷の噂に石戸氏方裏に住む某という者が加害者らしい、とあるが、それが本当なら近所に強盗に入る馬鹿はいるだろうか。軍に金を握らされて、というのならわかるが。

この名前まで特定した報告に対して、日本軍から何か返答があったという記述はない。

翌日午前五時に五百名の部隊を上陸させようと思えばそれなりの準備も必要で、少なくとも幹部は事前に知っていなければできないことだろう。

「神秘の日本」という昭和十三年発行の雑誌に酒井勝軍というちょっと有名なクリスチャンが書いている文に、石戸氏自身も事前に知っていて覚悟していたのかのように思える記述がある。本も筆者も陶酔的国粋主義者のようでにわかには信じがたいが、要約すると、「治安の悪化する浦潮で在留邦人も外国人も陸戦隊の上陸を望んだが、『未だ自国民に被害なきに陸戦隊を上陸させるは穏当に非ず』という外国領事もいて、日本人の犠牲者が必要かのような情勢にあった。石戸事件の起こる一年前、義一君と日本人墓地のお参りにいったとき、私は彼に『南方行をやめて浦潮に止まり、居留民五千人のために死んでくれないか』というと、『そんな必要があるなら犠牲になりましょう』といった。そして一年後「イシドギイチホカニメイ、カゲキハノタメウタル」という電報をもらった。(「過激派」ということにいつのまにかなっている)、純粋無垢な石戸君が在留同胞、否国威発揚のため絶好の犠牲となったのである。それは神の御思召によるものだが、もし民会が犠牲者を募った場合は彼は一番に応じたであろう」などということを堂々と書いている。因みにこの酒井勝軍の大正六年五月の講演会の発起人に、直造を含め浦潮の主なメンバー十九名がなり、着任早々の菊池総領事も宣伝に一役買っている。少なくともそういう位置にある人であった。これで直ちに知っていたとはいえないが、戦前の社会の闇をかいま見た気はする。

この事件が軍の「やらせ」である確固たる証拠はないが、偶発的な事件を装ったそのやり方は、その後日本軍が中国大陸でしてきたことと酷似している。

直造自身は、純粋に治安の悪さに不安を感じて奔走したようにみえるが、ともかくそれは日本軍の更なる上陸を促すのに都合よいお膳立てとなった。

六日にも陸戦隊の上陸があり世話に追われている。「この日、本願寺付近で銃声騒ぎがあったが、ロシアの新聞の社説は『この際日本人に関係を生じてはならぬ。静にして事端の起こらぬようにせよ』と述べているものが多かった」と書いている。石戸事件からロシアの方にも警戒と緊張が走り、挑発にのらぬよう警告しているのだ。

七日に石戸家の葬儀があった。日本はもとより英米の軍高官も出席した「浦潮開港以来の異彩を帯びたる」盛大なものであった。何かプロパガンダ的な匂いがして歴史の裏側を語っているような気がする。

ここで直造は次のような弔辞を読んだ。この事件が陸戦隊上陸のきっかけとなったことは、この弔辞にも述べられている通り万人の認めるところであった。

（改行も原文のまま。判読不可のところは×印）

弔辞

大正七年四月四日、我同胞石戸精一氏は、
憎悪むべき凶徒の襲撃に遇ひ、悲惨なる最後を遂げらるる。
曰く、君は岡山県に生れ、令兄義一氏の業務を助けん為当
地へ渡航せられて以来未だ旬日を出ずと、何たる恨事ぞや
×か生あって死なるらん、然れ共志を抱き郷関を出で、事
未其緒に就かざる内、而も無智凶漢の一弾に斃れんとは
ゆめゆめ君の知りたまはざりし、天は君を殺さん為にと此の
地に送りしか嗚呼、痛恨に堪へざる此の一弾は、西に欧州に
戦乱の端を開き、今又東に我陸戦隊上陸の動機を
造る、君の死や誠に惜むべく悲しむべきも、在留邦
人あらん限りは当地状態の推移変化する毎に必ずや
×の死を想ひ此地の存在と共に、君の名は永久に記念せらる
べし今や幽明境を異にし親しく語る能はざるも

其霊尚宇宙に止り賜はば君の死や無為に終らざりし
ことを諒せられ希くは瞑せよ
　在留日本人を代表し赤誠哀悼の意を表す

　大正七年四月七日

浦汐斯徳
日本居留民会副会頭
　堀江直造謹白

　風雲急を告げ、物騒な世相や貿易上の制約に革命の影響は表れてはいるが、まだ今までどおりの市民生活は続いていた。直造は自衛団の活動の相談等で領事館へ行ったり、軍関係者と会うことも多くなった。

　そしてハバロフスクから竹内一次《いちじ》氏、イマンから服部富造氏が来浦され、時局問題の議論が盛んになってくる。それがスパスキーやニコリスク（現在のウスリースキー）の日本人居留民会長と共に、日本政府に現地住民の声として請願書を出す気運になる。

竹内氏については六章で詳しく述べるが、明治二十九年にハバロフスクへ渡り、写真館のちにホテルを経営して、大正十年に引き揚げるまで、ハバロフスクの日本人居留民会会長などを務めながら、地元にとけ込んで生きた方である。堀江とは明治から親交があった。

この請願書の要旨は「我が国はロシアの内政に立ち入らないという方針を表明しながら、他方で何かを画策しているように感じられる。それはロシア上下あげて我が国に不信を抱かせ、露領在留同胞が永年辛苦して築き上げたものを無意義に放棄し引き揚げねばならない、あるいは新規の計画を躊躇せねばならない状況になっている。この際すみやかに統一した大方針を確立し、内外人の疑惑を解き公明正大な我が帝国の意図を宣明してもらいたい」というもので、和泉良之助氏によって草稿がつくられた。極東ロシア各地の居留民会長名で、日本政府、主な新聞社へ送られた。当時の現地日本人の声として公式に出されたものとしては初めてであった。

五月五日の大阪朝日新聞はこれを掲載し、論評でその趣旨を支持している。五二年に書かれた信夫清三郎著『大正政治史』は、これを「歴史的文書である」と評価している。

しかし日記を読むと、菊池総領事の内覧を得、加藤司令官の意見を請うたり、なにか官許請願書という感じがしないでもない。海軍の朝日艦から無線電信を打つ予定だったがやはり（?）鳳山丸に変更された。

「大正政治史」が竹内一次氏をハルビン居留民会長としているのは、ハバロフスクの誤りであることは当日の朝日新聞で確認でき、杉山公子氏も「セーヴェル」八号で指摘している。哈爾賓の哈と哈府の哈を混同されたのだろうか。

杉山氏は『哈爾賓物語』（一九八五年）でこの請願書についてこんなふうに述べている。

「はじめは母国の軍隊の上陸を歓迎した在留邦人も、これがロシア人市民とのあいだに種々の軋轢を生み出すと、にわかに不安をおぼえた。このままでは、われわれ一般の日本人も不信の目でみられるのではないか。現に敵意を示すロシア人も出てきたではないか——。在留邦人の半数近くは日露戦争で全財産を失った体験者である。（略）堀江が在留邦人の前途に強い危機感を抱いたのも無理はなかった。海軍陸戦隊が上陸して一ヶ月もたたない早い時期に、ロシア領各地の居留民会長の連名で出された母国政府宛の請願書には、ウラジオストクを代表して堀江の名がある。請願書は遠回しながら、日本軍がロシアの内政に立ち入らないよう訴えている。ここにはロシア領に生きる日本人の不安と苦悩がにじんでいる」

日本政府に請願書を発したあと、直造は下田滋氏と共に直接東京へ陳情に赴いた。寺内正毅総理、後藤新平外相、大隈重信侯、目賀田種太郎日露協会会長、田中義一参謀次長らに面会し、在留邦人の実情を訴え政府の方針を問うた。日記に会談の要旨も書かれているが、これらの要人の答弁はどうもわか

居留民の婦人達と日本軍　左から３人目萬代

りにくく、かつありきたりな感じがする。直造の記述が下手なのか、民間人に〝本心〟など言わなかったのかわからないが、この頃、政府中枢部ではこのような政策が進行していた。

「日本の対露干渉政策の中心的推進勢力は陸軍であり、陸軍上層部におけるその中心人物は田中義一参謀次長であった。田中は「長閥の寵児」として、すなわち元老山県有朋、首相寺内正毅に直結する人脈関係にあって大陸政策の形成に枢要の地位を占めていた。（略）田中が自身の構想をまとめた『シベリアに関する意見』で概ね次のように述べている。（略）日本政府は『独墺勢力の東漸に対抗』する団体を支援し、必要な兵器及軍資金を供給し、バイカル以東に独立自治の地区をつくらせ、資源豊富なる地方を開発するの地歩を占むるため、連合国と適当に協調はするが、出兵は帝国自ら行うものである。（略）日本のとるべき態度は『自重』ではありえない。

むしろかくの如き情況に遭遇したことは『天祐』であり、この機を逸するなら『千載の悔』を残すであろう」（原暉之著『シベリア出兵』より要約）という対露干渉政策の基本戦略が、三月にすでに出来上がっていた。

中央流沙を知らず川岸の流れだけを見ている居留民の請願書や陳情は、ごまめの何とやらで効を奏するはずもなかった。

日本のこのような意図や単独出兵に対して、アメリカやイギリスも不安と警戒心を抱いたが、結局八月に共同出兵が本格的に開始されたあと、極東ロシアに「一八年秋の最大時で日本軍七万二千、米国軍九千、イギリス軍七千、中国軍二千、イタリア軍千四百、フランス軍千二百」（ロシア史研究会編「日露二〇〇年」）が投入された。

極東ロシア各地での日本軍の展開には現地居留民会の協力が不可欠であった。ウラジオストクでもその方針に従って協力をした。その仕事のひとつが「チェック兵（チェコ・スロバキア軍兵士）の救援」であった。チェコ軍とソビエトとの衝突というのはこういうことである。

「第一次大戦時、ドイツ・オーストリー帝国の範囲であったチェコスロバキアからは多数の兵士が動員された。独立をめざすチェコスロバキアがロシア領内で自分の軍隊二ヶ師団を編成し、ロシア側から従軍していたが、ロシアの単独講和により突然立脚点を失い、シベリア鉄道で東方への移動を行い、浦潮から海路西部戦線へ転用されることになった。その輸送途中でドイツ・オーストリーの捕虜、次いでボルシェビキとの軍事紛争をひき起した。チェコ軍の救援とはこの際のことをいう。だがこの軍事紛争もいかにも謀略の匂いが濃い。結果的に連合干渉の実現につながった」（松尾勝造著『シベリア出征日記』の高橋治氏の解説より）

六月二十九日の市街戦もチェコ軍がしかけた戦闘であった。日本軍はチェコ兵救援を口実に干渉を深めていった。そして居留民あげてのチェコ兵救援活動が始まった様子が、二十九日から七月二十日にかけて書かれている。

居留民の婦人達が病院の手伝いのボランティア活動をしている写真がある。負傷兵の看護等にあたっていた。日本赤十字社がその任にあたり、萬代も直造もその浦潮支部の賛助会員になっていた。萬代のその活動に関する日赤篤志看護婦人会からの嘱託状や感謝状が遺っている。早くから海外で活動してきた日赤は、日本の国策に沿って救援活動を行ってきた歴史を私はふと思った。また萬代も含め主な居留民の夫人のよびかけで自衛団慰問のバザーが催されたり、女性も協力と連帯感を強めていったのだろう。「ウラジホヤセンビョウイン」前で衛生兵らと一緒にとっている写真をみると、「国防婦人会浦潮版」のような気がした。

病院でボランティア活動

日本人小学校に関する記述をみると、居留民会に属する学務委員がその運営にあたっていたことがわかる。たとえば、教員の日本出張や修学旅行、父兄会開催やピアノ購入、教室の増改築まで小学校の代表者と共に決めている。校舎もよく居留民会の集会や軍との会議などにも使われている。日本人社会に密着した学校という意識を大人も子供ももっていたのであろう。日記に書かれたこういう様子は、在外日本人学校の歴史を知る上でも参考になるのではないだろうか。

浦潮日報の経営面に関する記述も多い。たとえば「臨時株主総会で増資十三万五千留とし、旧株と合併して資本十五万留と定む。一株五百留にて自分は二十株の申込みとす」と、資本金

手伝いをした病院で　左側左から２人目萬代

の額がわかり、また内紛は職工長が編集に口出しをしたことから始まったらしいが、直造らのとりなしで一応解決した。創草期の新聞社らしい熱意の表れととれなくもない。「記者事務員及び職工に賞与を与えるべく役員揃いて行く」「日報社工場修理を見る」などと、この邦字紙に組織的に協力し期待を寄せる居留民の気持ちが想像される。直造もかなり中心的にかかわっていたようだ。この頃浦潮は兵隊めあての商売人もふえ、日本人の人口は五千人近くにふくれあがりつつあった。治安も悪くなり、物騒なニュースが浦潮日報にも目立つようになった。

七月二十五日になると「軍事用達社」の話がもちあがってきた。それを協議した木曜会というのは軍、領事館、居留民会有志による時局問題に関する情報交換、方針討議の場であった。

秋には七万の兵隊が来る、日本軍の兵站部の役割を担う軍事用達社は儲かる仕事で、株主希望者は多かった。「出兵」の後半にはこれが居留民にとって命取りのひとつになるのだが、ここではまだ皆おいしそうな話に興味津々である。五月に日本政府に請願書を出した頃は、「出兵」に疑問をもっていた居留民たちも、次第に商売人の顔になっていった。

二十五名の発起人が集り、資本金百万留（貨幣単位ルーブルのこと）として、壱株壱百留、発起人に於いて七千五百株を持ち、二千五百株は商工会役員中にて公募することになったが、公募株が少ない、不公平だという異議が出た。商工会としてではなく、有志が発起人でつくるものだから不公平は当たらないと弁解をしているが、結局各自五十株を減らし公募を三七五〇株にすることになった。

組合の名称を軍事用達社とし、次の人達が役員になった。

取締役会長　堀江直造

専務取締　下田　滋

常務取締　田子一也

松田佳三郎

天野邦太郎

取締役　八坂雅二
　　　　太田良三郎
監査役　妹尾憲治
　　　　中村謙吉
　　　　末兼三彦

そして直造は領事館や軍司令部また森旅館（総領事館に近く要人がよく利用した）や旭館で、軍主計や参謀らと会い、協議懇談をしたことが記されている。今日の赤坂の料亭でもあるまいが。

その後、毎日軍事用達社へ顔を出し、また民会や日報社の役員会にも出ていたので、「八月十日、用達社の用事にて繁忙一寸の閑なし実に閉口々々」という状態になった。

八月十二日に海軍陸戦隊に代わって陸軍が上陸をした。海軍より出兵に強行だった陸軍の上陸により、「シベリア出兵」という干渉戦争は更に本格的になる。海軍陸戦隊の引揚げ式と陸兵の分列式を行うことになった。しかしロシア側の国民感情も無視できず、あまり派手な歓迎はしないようにという記述もある。

「八月八日　十一日午前中に我が陸兵到着するについて、之を迎うるに、極めて静粛に少数の代表者のみ迎うるようにとの十二師団長よりの注意を述べられたり。之によりて小学校生徒及び自衛団等の出迎えを廃し、民会役員及び各部の議員にて出迎えうる事に定む。
各戸に日本国旗を掲揚するや否やも問題となりたるが、遂に之も師団長の意思に随う様に華美的の歓迎をせざる事とし、余り露人の感情を損するは不利なりとの事にて掲揚せざる事に決す」

八月二日の日本政府の「出兵」宣言、十二日の陸軍第十二師団のウラジオストク上陸をもって公式に「シベリア出兵」の開始とされている。

この海軍陸戦隊の引揚式で直造は「総領事及び自分、自衛団長末兼氏等謝礼の辞を述べ、日本陸戦隊萬歳は自分の発声にて参列員一同是に和し盛んに送別なせり。今春来の頼とせる同戦隊に別るるは、何となく慈父に別るる如き感情に満されたり」と軍を信じている直造は感激している。

在留邦人らが上陸を熱烈歓迎するような街の様子が、たとえば松尾勝造著『シベリア出征日記』（風媒社、一九七八年）で、八月十三日に部隊が浦潮に入った時に次のように書かれている。

チエック隊本部　スヴェトランスカヤ（1918年）

「間もなく浦塩市街大通りへと入り候。予想に倍して建物の豪壮なること、五階、六階、中には十階、十数階といずれを見ても見上るものばかり。市の華美はアメリカ、欧米諸国の実写に彷彿。銀行、諸官庁ビル、大商店等が我等の前に展開すること、さながら夢の中を進むの感に有之候。中にも道路の美しさには感嘆仕候。延々と続く石畳。電車車道、人道が整然と区別されをり、左側通行励行され居候につき、本日の如き多数の人出にも秩序正しく通行出来をり、（略）流石ロシアが東洋一と誇る軍港都市たるを頷かれ申候。我軍の進行に際しては、流石に広き市中も人をもって埋められ、電車もために停車して敬意を表し候。歓迎の群衆よりは拍手するあり、小旗を振るあり、また両手を挙げて『ウラー、ウラー』の声掛けられ候（略）その中を歩調一糸乱れず前進仕候、日本軍の軍紀厳粛なるを見せてやり候。街の要所に英、

駅の向かいの英国領事館（1918年）

米、チェック軍等の本営あり、外人が日の丸を振り迎へくれ候事はまことに喜ばしく感じ申候。（略）行く程に此処は商店街らしく、在留日本人が並んでゐるには候はずや。『オオ日本人町だ』と我等は思はず口走り候。日本特有の服装にて『大日本軍万歳』と唱へられしはいたく感激仕候」（四八、四九頁）

松尾は一兵卒として、直造は現地民間人の軍協力者として、共に忠実に日本軍を誇り、基本的思想には疑問をもたなかった。当然といえば当然の当時の日本人の意識が感じられる。

この後極東ロシア各地に展開する日本軍のために、軍事用達社の仕事に直造はますます忙しくなる。

一八年の日記には自分の商売のことは殆ど書かれておらず、組織の役員としての公的な動きに終始している。

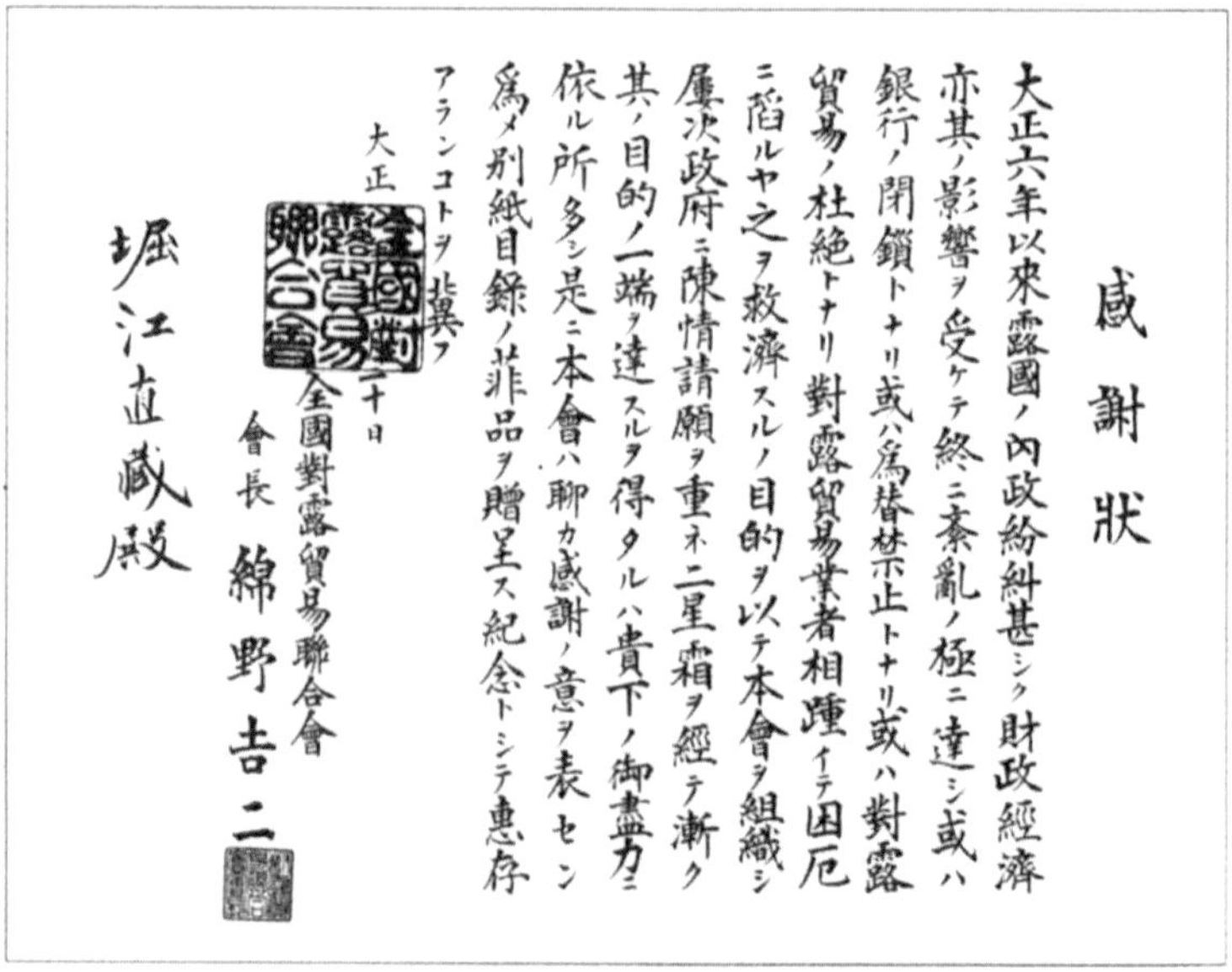

感謝狀

大正六年以來露國ノ内政紛糾甚シク財政經濟亦其ノ影響ヲ受ケテ終ニ紊亂ノ極ニ達シ或ハ銀行ノ閉鎖トナリ或ハ爲替禁止トナリ或ハ對露貿易ノ杜絶トナリ對露貿易業者相踵イテ困厄ニ陷ルヤ之ヲ救濟スルノ目的ヲ以テ本會ヲ組織シ屢次政府ニ陳情請願ヲ重ネ二星霜ヲ經テ漸ク其ノ目的ノ一端ヲ達スルヲ得タルハ貴下ノ御盡力ニ依ル所多シ是ニ本會ハ聊カ感謝ノ意ヲ表セン爲メ別紙目錄ノ菲品ヲ贈呈ス紀念トシテ惠存アランコトヲ冀フ

大正　二十日

全國對露貿易聯合會

會長　綿野吉二

堀江直藏殿

対露貿易に対する表彰状（1919年）

が日常の暮らしの記録がないわけではなく、「敦賀商業学校生徒の観光団を茶菓にて招待す」「オシンシスとの入電。萬代は本日午後九時頃着の予定なれば母生存中に間に合わずなりしは誠に遺憾の極なり」「正三、長崎習慣の灯籠流しを見に行けりとかにて夜二時帰りたり。随分酔う」などに浦潮の暮らしが垣間見える。

「八月十四日　毎日用達社へ出勤、多忙極まる事とて日記を怠る」となり、日記は九月七日で終わっている。

この後日本軍は極東ロシア各地で七万余の軍隊を展開し、アムール州で一村焼き討ち、浦潮でパルチザン攻撃、ニコライエフスクで「尼港事件」等々、現地住民も巻込んだ激しい戦闘を繰り広げた。

直造は忙しくて日記をつける暇もなかったのは分かるが、「出兵」後半部分の現地の様子をもっと書き残して欲しかった。

四章　引き揚げ――浦潮との永遠の別れ

一　日本軍国主義との心中で幕を引いたウラジオストクの生活

直造の日記や堀江の遺品には、一九一九年以降の様子を表すものはない。ただ前述の「系図」の続きにはこう書かれている。

「大正七年浦汐在留有志者ニテ軍事用達社ヲ組織サルルニ當リ其社長ニ推挙サレ　大正八年西比利亜商事株式会社ノ創立委員トナリ続イテ其社長ニ推挙サル大正十年満期解任トナル

此間ニ露国赤白軍ノ両立セルニ當リ白軍ノ『セメョーノフ』将軍ニ食料品及軍需品ヲ販売契約セシ結果非常ノ迷惑ヲ受クルコトトナリ遂ニ西比利亜商事会社ト法廷ニ争フニ至リシモ親友妹尾憲治氏ノ仲裁ニヨリ解決セリ　然レドモ是ガ為メ非常ノ損失ヲ蒙リ加フルニ大正十年浦汐駐屯日本軍ノ撤兵ト共ニ引揚ルコトトナリ是又多大ノ損失ヲ受ケ遂ニ商界退クト同時ニ京都市外花園村ニ住居ス」

白軍に、また日本軍に多大の掛売りをして回収できなかったことは容易に想像がつく。西比利亜商事と法廷に争ったのがどのような内容だったのか具体的に分かれば、日本人が反革命側にどのような形で「協力」をしたのか一部推測できるかもしれない。

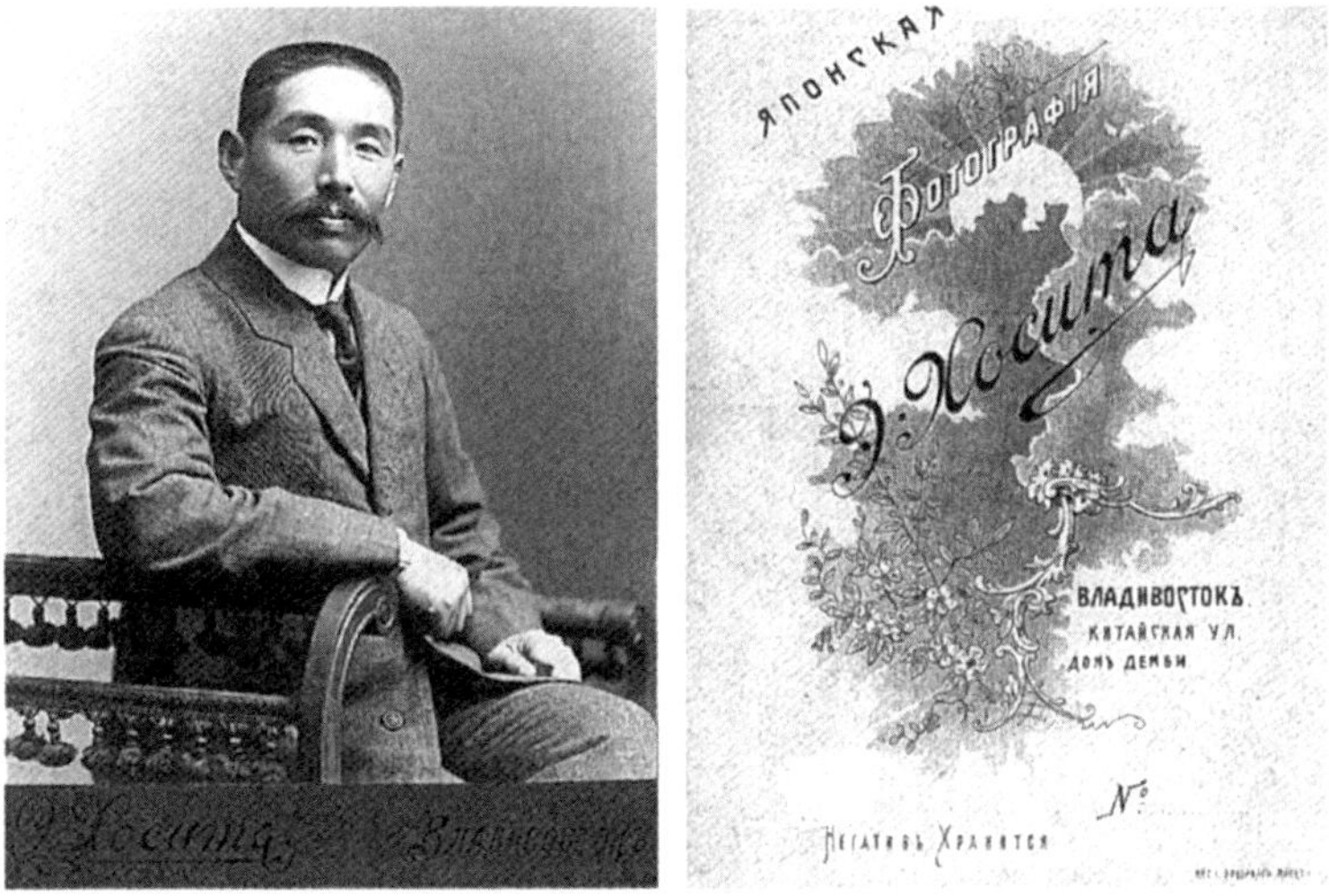

堀江直造（右は写真の裏）

　ブラゴヴェシチェンスクやニコライエフスクでは、革命軍との武力衝突が起きたのがウラジオストクよりも早かった。しかしウラジオストクでも最終段階では事情は同じだっただろうし、日本人居留民の層も厚く、中心都市だったウラジオストクではもっと熾烈だったかもしれない。しかし具体的な状況は「ラゾの事件」（註）以外はあまり知られていないのは、やはりウラジオストクが閉鎖都市だったからだろうか。八杉貞利東京外語教授の旅日記『ろしや路』（和久利誓一監修、一九六五年、図書新聞双書）の中の一九二〇年夏の金角湾日記には、浦潮の現地日本人の言として「もはや商業途絶、当地にて生活し得るは軍事用達連のみ」（一一七頁）といった荒廃したウラジオストクの様子が述べられ、また「和泉氏、堀江氏に面会す」ともある。そして浦潮出立の際見送りにきた人の中に堀江正三の名前もある。八杉氏は東京外語での正三の恩師である。八杉氏はこの旅で多くの教え子と会っている。彼等がロシアで活躍する姿を期待したであろう八杉氏は、荒廃した浦潮のようすをみてどんな気持ちになっただろうか、詳しく綴られた行動記録の行間を私は想像した。

一九二〇年四月に他国の軍隊が引き揚げたあとも、ひとり日本軍がとどまるウラジオストクで、内戦による混乱に加えて、日本軍の横暴や極東各地で起こす行動に対する住民の反発等々の中にあっては、正常な商売が続けられる筈もなかったであろう。

前記の系図によると、大正十年（一九二一年）に京都へ引き揚げたことになる。一九二二年十月二十六日に、追われるように最後の日本軍艦が金角湾から撤退した前後に、大半の日本人が引き揚げているから、直造は経済的に大損をして少し早く引き揚げたのか、あるいは帰国を決意させる何かがあったのだろうか。正三はカムチャツカで仕事の可能性をさぐっていたので翌一九二二年六月に引き揚げた。

素朴な交易から始まったウラジオストクの生活も日本軍国主義との心中で幕を引いたのだ。

引き揚げざるを得なくなったとき、露日協会や露人商業会その他日本人と交流のあったロシア人らの対応はどうだったのだろうか。また直造の心情に「出兵」の前半と後半で変化はあったのだろうか。

裸一貫から築いた商売、親交を結んだロシア人ら、住み慣れた浦潮の風物や文化、それらとの訣別には個人で渡った多くの日本人居留民に共通した感慨があったであろう。それは企業の浦潮支店長や官吏とはまた少しちがったものではなかっただろうか。

一九二二年十月に殆どの日本人が引き揚げたとされるが、残って経済活動を続けようとした人達もおり、日本政府に何度か「救恤請願書」や「建議書」が出されている。（外務省外交史料館「露国革命一件、出兵関係」一—六—三—二四—一三）

たとえば一九二二年十二月五日のものは「（前略）居留民は多年の開拓になる地盤を空しく放棄し、急遽引揚げの止むなきに至り（略）積年の膏血の結晶を空しく泥土に委するに忍びず（略）我が帝路の先駆者として渡航せる在留邦人の活動の功もまた決して軽しと云うべからず……。（略）（現在は）紛乱の極に達し、（生活と営業は）兵馬に蹂躙され、生業を営みえざる惨状を呈せり。（略）」と、要するに救恤金を要求しているのだが、この文章にはやはり浦潮に根を下ろして暮らした人達のそれなりの思いが、こもっているように感じられる。うまく儲けた頃が忘れられないからだろう、という見方もあるだろうが、金儲けだけではない、夢や愛着がそこにはあったのではないか。植民地主義的な「海外雄飛」ではないかと今日言うのはやさしいが。

この請願書には想像した以上に多くの主なメンバーがまだ残って署名している。これらの五十五名の背後には、さらに多くの日本人が居残っていたということであり、状況が許せばウラジオストクでの生活を続けたいと思っていたのであろうか。主に次のような人達が名を連ねている。

日本居留民会頭　細井良吉
日本居留民会議員　川邉虎
日本居留民会議長及
日本商工会議所会頭　山内恭治
日本居留民会議員及
日本商工会議所評議員　入野寅彦
同　石戸義一
同　相見
同　田子一也
同　堀定四郎
日本居留民会議員　平野甚次
同　鶴田

同　　　　大塚三之助
同　　　　上田金次郎
日本居留民会部長　國下松治
同　　　　山口傳四郎
同　　　　古市喜一郎
同　　　　穂下栄松
同　　　　浅野政五郎
日本商工会議所評議員　林圭三
同　　　　浅田弘季
同　　　　脇深文
　　　　　鍋島創一
　　　　　池田喜代松
　　　　　佐久間源三郎
　　　　　栗田不二
　　　　　長野真実人

山本利吉
槇田傳三郎
谷源藏
相見仙藏
以下主なメンバーのみ
林道三
太田良三郎
妹尾憲治
有田繁造
木村恪
中村謙吉
池田長太郎
近藤繁司

二　直造五十一歳、萬代四十五歳の時、京都に引き揚げる

この中には明治から活躍してきた人々も多く、希望を捨てずに残っているが、直造はすでに京都に引き揚げていた。直造五十一歳、萬代四十五歳であった。家財道具をかなりもって帰れたのは、混乱のさ程ひどくない時期だったのかもしれない。だから日記など浦潮での暮らしを表すものも遺った。反古になった革命時のルーブル紙幣（兌換券）はくやし涙の味がして捨てがたかったのかもしれない。いつか再びという気持ちもないではなかったようだが、二度とウラジオストクの土を踏むことはなかった。

萬代にとってもウラジオストクは第二のふるさとであった。十九歳から四十五歳までの世帯盛りを過ごした浦潮は、海にも街にも人々にも彼女だけの懐かしい思い出があったにちがいない。直造とも正三とも別の〝萬代の浦潮〟は帰国後も永く心に生き続けたことだろう。こんな短歌を残している。

「日の本に　初日祝ふも　ただふたり　いとも戀しき　浦潮の春」

直造は帰国後、東京の舞鶴藩邸で執事長をして一九四一年に京都に戻り、四二年に病没した。萬代も

その二年後に亡くなった。その頃ソ連と日本は国家どうし背をむけ、双方の国内事情も暗い時代になり、民間人どうしの交流など望むべくもなかった。

（註）

セルゲイ・ラゾ（一八九四―一九二〇）はモスクワの大学生時代に召集され、兵士らの信望を集めて革命軍のリーダーとして最前線に立っていた。極東ロシアに進んできたラゾは日本軍と出会う。アメリカ軍撤退直後の休戦状況の中で、彼は日本軍との交渉に立ち会い、その調印直前、一転して襲撃に出た日本軍に捕えられ、反革命軍に引き渡された。ラゾとその同志は機関車のカマで生きたまま焼き殺された。二十六歳の若さだった（杉山公子著『ウラジオストクの旅』）。

なお、スヴェトランスカヤ通りの小さな公園にラゾの銅像がある。

五章　堀江正三の極東ロシア

正三の実母と実兄妹たち　右から２人目ルバーシカを着ているのが正三

一　ロマンチストな文学青年

堀江正三は一八九八年（明治三十一年）、平田尚吉、さとの三男として京都市で生まれた。三章で述べたように、子供のなかったさとの兄直造夫婦のもとに、養子として明治三十六年に入籍した。その前からもウラジオストクの直造の家によく行っていた。

実家と養家は親しかったので後々まで正三は「平田のお父（母）さん、堀江のお父（母）さん」という言い方をし、まるで親が四人いるみたいだった。

尚吉は京都の市中で呉服商を営み、その父平田八郎は福知山藩士だったが、京都のキリスト教の

クリスマスにロシア人の家庭に招かれて　後列右端正三

草分けの頃教会で活躍し、さとも熱心なクリスチャンであった。堀江の家は仏教だが、明治の初めに舞鶴から京都市内へ出てきたさとは、そこでキリスト教の影響を受けたのだろう。平安教会で活躍した。当時教会は新しいもの、近代的な思想にふれる場でもあった。

正三はウラジオストクの日本人小学校を出たあと、東京の早稲田中学から東京外語専門学校のロシヤ語科へ進んだ。ロシア語を専攻したのは直造の跡を継ぐためでもあるが、正三自身もロシアの文学や芸術が好きだった。子供の頃から慣れ親しんだロシア語は堪能であった。外語を一九一九年春に卒業する時、恩師の八杉貞利先生に学校に残るよう勧められたが、直造の跡取りの養子の身でそれはかなわずウラジオストクへ戻った。

正三はロマンチストな文学青年でもあるのに対して、直造は商売人としての厳しさもあった。たとえば、正三が東京で下宿生活をしていた時、その生活費や学費を送

ペトロパブロフスク・カムチャツキーの
堀江商店出張所

る際に出費を実に細かく「理髪代五銭、電車賃八銭」というように報告させた綴りが残っている。学生に不要な贅沢はさせない明治の人らしいが、正三には窮屈だったかもしれない。

正三が戻った浦潮の店では古くからの番頭さんがきり盛りしていて「学校ぽっと出の坊っちゃんに商売のことがわかるか」という顔をされ、面白くなかった正三はカムチャツカで新天地を開拓しようと、堀江商店の出張所をペトロパブロフスク・カムチャツキーに設けた。

この頃ペトロパブロフスクには「日本人商店が数軒あった。『堤商会』、『日本毛皮』、『菊地商会』は、いずれも函館の会社であった。『菊地商会』（菊地藤三郎）も雑貨の他、毛皮と漁業も取扱ったことになっているし、この他ウラジオストクの『堀江商店』（堀江正三）の出張所も短期間存在した（「地域史研究はこだて」第二八号、斉藤学「日本毛皮（株）とペトロパブロフスクで発行された小切手」）。

東京外語ロシア語科同窓会・於天理大（1928年）
中央右から５人目正三　左後ろはプレトネル氏

現地住民が毛皮などを売り、日本人商店は日本やウラジオストクで仕入れた日用品や衣類、銃器などを売っていたのだ。遺品の中にその出張所の写真があるが、ロシア的な建物の看板には雑貨販売という意味のロシア語が読みとれる。後方に古い教会もみえる。裏には「緒方領事、菊地商店主人、堤出張員、ラザレフが正面に立ち居り」という説明がある。

しかし「出兵」のさ中、諸般の情勢は厳しかったとみえ、京都の実妹に悲観的状況という手紙をしばしば書いていた。まもなくカムチャツカを引き揚げ、直造がすでに建てていた京都の家に帰ってきた。大正十一年六月、二十四歳であった。

こうして極東ロシアで、商売だけでなく文化交流も含めて活躍したいという正三の夢はついえた。

二　正三が新天地を求めたカムチャツカとは

二一六頁のペトロパブロフスクの堀江商店出張所の写真を見ながら、私はいつかここも訪れてみたいと思っていた。そして二〇一五年九月に五人のグループを作り初めて訪れた。現地の郷土史博物館に事前に連絡をとって、堀江商店出張所の場所の特定と当時の日露関係の史料もあれば知りたい旨を頼んでおいた。

この時は史料は得られなかったが、この建物のあった所と後方の教会を訪れてその変遷を知ることができた。出張所跡はレーニンスカヤ通りにあり、更地になっていたが昔日の日本人の商業活動に思いを馳せた。そして後日、博物館のスタッフとこの時のガイドさんのお蔭で、この地方の一九一六年十二月の新聞を入手した。

それは日本人商店の広告と義勇艦隊船舶のカムチャツカ周辺の航路案内が載った貴重なものであった。目抜き通りの日本人商店（洋服仕立て、家具修理、美容室、時計店の四軒）の広告と船舶の営業案内は、日ロ中の商人の活動とそれを支える往来があったことを示すものだった。

1916年12月25日の現地新聞「カムチャツキー・リストク」より
（ペトロパブロフスク郷土史博物館所蔵）

商店の広告

①エトオ裁縫師（男子スーツ、コートの注文）
②コグロ美容室（毎日午前7時～午後9時営業）
③ミシナ家具修理工場（家具、マットレス修理）
④オガワ時計店（金・銀製品や時計、タイプライター、蓄音機の修理）
他は中国人の店、ロシア人のカレンダー工場
いずれも住所はボリシャヤ通り。

義勇艦隊の航路図の広告

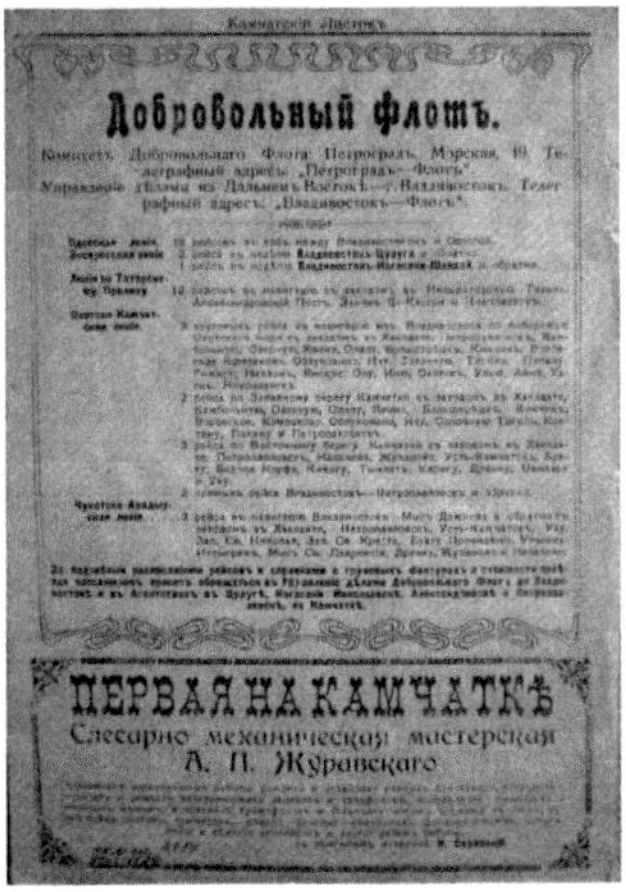

ウラジオストクーオデッサ線18航路
エキスプレス線ー週に2回、ウラジオー敦賀
週に1回、ウラジオ、長崎、上海、往復。
タタール海峡線、12航路
オホーツクーカムチャツキー線3航路、往復、
ウラジオ発オホーツキー海岸沿い、函館。
カムチャツカ東海岸線、ウラジオーペトロパブロフスク往復直航便、（以下略）

また一九一七年一月の紙面には日本人住民も一緒に負傷したロシア兵の援助をしたことが書かれていた。浦潮の初期のような草の根の交流と素朴な市場経済の姿があったことを想像した。

そして二〇二〇年から私は大阪在住のロシア語教師だったロシア人、タチアナ・シュチプコワ（Tatiana Shchipkov）さんと友人を加えた三人で二十世紀初頭のカムチャツカの日露交流史の研究会をするようになった。彼女は極東大学卒、日本語堪能でお祖父様がカムチャツカ出身、今もご親戚が住んで

20世紀初頭のペトロハバロフスク・カムチャツキー

レーニンスカヤ通り

ペトロパブロフスクの遠景

（タチアナさん提供）

堀江商店出張所の後方に見える教会

（郷土史博物館所蔵）

Рис. 6. Соборъ на главной улицѣ г. Петропавловска.
L'église cathédrale du Kamtchatka à Petropavlovsk.

おられ、ご両親はウラジオストク在住というこの地の研究を共にするのに最適の方であった。

　カムチャツカの郷土史博物館、ウラジオストクの関係機関や論文に当たって貴重な史料のコピーをいただいた。そうして知ったかつてのペトロパブロフスクの街の姿とその変遷に私はある種の感動を覚えた。

　正三が到着した頃のペトロパブロフスクは山の斜面にある小さな町で沿海州の松とウラジオストクの煉瓦で日本人、中国人、朝鮮人によって建てられた木造の家、メインストリートのバリシャヤ通りには昔の街灯と多くの商店が並び、中国人、ロシア人、日本人によって営まれていた。郵便局や教会、公民館、病院、学校、新聞社もあり政治集会や文化的な催しも活発に行われていたが、第二次産業がないため工場の騒音もなく、産業革命前のヨーロッパの田舎町のような牧歌的な穏やかな雰囲気が当時の写真から感じられた。

では政治情勢はどうだったのか。「堀江正三は興味深い時期にカムチャツカに滞在していた」で始まるタチアナさんのリポートを要約するとこうである。

一九一七年にはボルシェビキはまだいなかったが、同年三月にロシア臨時政府の指示を受け入れた村の役人達は自分たちの議会、政府を組織した。夏に初めてボルシェビキがイヴァン・ラーリンを指導者に現れて、労働組合を組織し、港湾労働者、猟師、漁師、兵士達が加わり住民達も革命運動を学び、十月に新たな議会が成立した。一九一八年二月に革命政権が平和裡に樹立された。堀江正三はこの時はまだカムチャツカに来ていなかった。

六月にまた政変が起きてボルシェビキ政権は打倒され、十月にはコルチャーク提督が政権をとるなど白軍と赤軍の間で何度か政権が交代したのだが、流血の戦闘はなかった。威嚇や小競合いはあったが。それはボルシェビキも住民や議会の助けが必要だったし、町長らもウラジオストクからやってくる人（ボルシェビキ）に抵抗したり乱暴なことはするなと言い、新聞も市民の平穏な生活を侵すなという論調だった。

正三が到着した一九一九年十二月は白軍の政権だったが、二〇年にはボルシェビキが掌握し極東共和国の一部に組み込まれるなどした後二三年にカムチャツカ半島全土がソビエト政権下に入った。

このような話合いによる政権交代がなぜできたのか。もともとペトロパブロフスクには漁業と狩猟しか産業がなく、日用品などの生活必需品はすべてウラジオストクや日本から航路で運ばれていたので、白軍もボルシェビキも日本の船舶や日本人を戦闘に巻き込むことを恐れており友好的だった。地元の実業家ビリチも流血は望まないと言い、政権代表は日ロの通商条約を結ぶ努力をしたいと日本領事に伝えていた。

こうして当地では日本人も間接的に革命の平和的遂行に貢献していた、と彼女は結ぶ。

とはいえ、革命下の情勢で船舶の運航や経済活動は厳しくなり、正三は一九二二年春に当地をやむなく引揚げた。他の日本企業も同様であった。その後正三はロシアに二度と戻ることはなく、正三にとっての「ロシア」は心の中だけの財産になってしまった。

ロシア革命についてそれまで私がもっていた主なイメージはモスクワやサンクトペテルブルグ、その他に見るような流血革命、典型的な階級闘争であったが、カムチャツカの様子を知って、地域とその歴史によっていろいろな形の革命があるのだと思った。専門的な事はともかく、正三が学んできたロシアの文化、国民性等は革命ですべて失われたわけではなく、その芯は生きており、まだロシアに自分の居場所はあると思っていたのだと思われる。内戦の悲惨な情勢を見てきてもなお帰国後もロシアに戻って働きたいと就活をし、その様子を一九二三年、二四年の日記に書いた。

正三に限らずこの時代の居留民二世の、或いは外語の卒業生の多くが日露交流は祖父らの時代からの地続きで将来も続くと思い、革命や「出兵」による混乱は一時的なものだと思っていたようだ。しかし二〇年代後半からのスターリンの強権政治とその後のソ連社会で、この時代の日本居留民との平和共存の様子は語られることもなく忘れられた。作られた敵対の海に消えたのだ。短いがネップの時代や初期のソ連邦、二月革命のめざした市民社会で、地べたの一庶民が感じたロシア的なるものは記録にも記憶にも残らず消えたように思う。定職の決まらない身を嘆いた正三の日記の記述の裏にも一片の明るさを感じるのは私の主観だろうか。

カムチャツカにもウラジオストクにも何処かに先人達の心は生きているような気がする。

三　帰国後の日記が語る「心のロシア」

正三はロシアの文化や芸術を愛し、帰国後も出来ればロシア語を生かした仕事につきたいと思っていた。いまも遺るシャリアーピンの古いＳＰ盤のレコードやリサイタルのプログラム、懐かしそうに語っていたロシアの風物や暮らし、よく食卓にのぼったボルシチなどの他に、帰国直後の日記に書かれたロシアの思い出がそれを物語っている。日記にはロシア語で書かれたページもあり、そこにはロシア人女性との恋と別れが綴られている。このロシア語は美しい旧字体の筆記体で、文章も正しいので、日本の大学で今ロシア語を教えておられるあるロシア人の先生は授業で学生に見せられた。

日記は大正十二年から十三年にかけて書かれたものだが、この頃の日本は不況で就職も思うようにいかなかった。ロシアに関係のある仕事につくこともままならず、「もうなんでもいいから早く仕事を得て自立したい」と定職のない身の嘆きが綴られている。

今よりももっとロシア文学が読まれていた明治、大正時代に、多感な青年時代を日ロを往復して過ごした正三にとっては、やはりロシアと無縁の生き方はしたくなかったのであろう。

やがて朝日新聞大阪本社編集局に職を得ることができ、忙しくなったせいか日記は終った。

昭和に入り、日本は侵略戦争に向かってファシズムの嵐が吹き荒れ、ソ連の方でも日本に関係のあった人々への弾圧が始まるなど、双方とも暗い時代へ突入していった。正三の蔵書『社会思想全集』四十巻（平凡社、昭和三～四年発行）の十八巻などは伏せ字だらけである。社会的なことに関心も知識もあった正三が、直造の活動や「シベリア出兵」についてはあまり家族に話さなかったのは、時代の空気のせいもあったのだろうか。かの地かの日々のことが遠くなったのは単に年月のせいばかりではないようだ。正三は朝日新聞社に定年まで勤めて一九六三年に亡くなった。ロシアを訪れることも、学校と実生活の両方で覚えたロシア語を生かすことも二度となかった。

今日、日ロ貿易がすべてうまくいっているわけではない。机上の知識やロシア語だけでなく、実際のロシア人の気質や文化、スラングも含めた生活の中でのロシア語、そういったものを身につけた人がロシア人と交渉してこそ商売もうまくいく、という話をきいたこともある。まして現在のロシアでは、資本主義的商法や商習慣をみんなが身につけているわけではない上に経済的苦しさもある。だから「えー、なんでぇ……?」というような思いをした日本人は多いかもしれない。

明治、大正時代、身体から飛び込んだロシアで仕事を成功させた日本人は、相互に信義や一定の市場原理を現地で生きる中で培ったのだろうか。それは中国人や朝鮮人と比べても遜色はなかったのではないか。しかしソ連時代の七十年は、日本の民衆がロシアを知るには程遠く、いまの日本人の生活と意識をもってして、すぐさま相互理解や経済協力がうまくいくとは思えない。ずっとなんらかのつながりのあった中国や朝鮮半島の人達とは違う。革命前の経験も生かされず、日露の断絶の歴史は、やはりいろいろな意味で損失ではなかったか。歴史に「もしも」はないけれど、もし日露関係が別のかたちをとっていたら、たくさんの正三のような青年達が、有為な日露の掛け橋になっていたかもしれないのに。

六章　居留民の子孫の方々と知り合って

一　ハバロフスクの発展に力を尽くした竹内一次

ハバロフスクで竹内さんの家族と（1913年）
右から竹内一次、堀江正三、堀江直造、竹内テル、竹内一次の長女、左端は不明

たまたま資料がここに遺った堀江以外にもたくさんの居留民がおられた。その子孫の方々から当時の暮らしを物語る資料が得られたらおもしろいだろうなと私は思っていた。

しかし九五年までは谷源藏氏のお孫さんの谷源一氏だけしかお会いしたことはなかった。谷源藏氏は一八九五年（明治二八年）、二十三歳でウラジオストクに渡り日本から日用品や果物を、シベリアからは木材の輸入を始め、明治三十年代に成功を収められた。日露戦争の時引き揚げたが、終わるとすぐ再渡航し、昭和の初めまでロシアや中国で木材の貿易にたずさわり、郷里の京都府竹野郡丹後町間人《たいざ》に戻ったあとは、郷土

竹内一次氏（前列右から３人目）とハバロフスクの要人〔竹内昭二氏提供〕

史の研究や地域の振興に尽された。そして郷里の公園に浦潮塔という記念碑を建てられた（上谷正男編『谷源蔵と間人民族の研究』）。

直造と特に親しかったわけではないが、店も近く同じような時期に商売をしておられたので交流はあったと思われる。直系のお孫さんの谷源一さんにお会いしたのは九三年だった。同家に保管されていた浦潮時代のものを見せていただいた。日露戦争終結を待ちかねて再渡航して活躍された谷商店や親族の思いがしのばれ、大正八年発行のパスポートとビザも珍しかった。ご親戚にはまだ浦潮の資料があるようだったが、その後源一氏が他界されたのが残念だ。

さらに面白い出会いは、九六年の竹内一次氏のお孫さんの竹内昭二氏である。

九六年二月に私はひとりでウラジオストクへ行き、ゾーヤさんのお宅に滞在して、直造日記や日本の資料を一緒に読んでいた時、ＮＨＫウラジオ支局の取材を受けた。かつて日本人街があったことを紹介したリポートが、朝のニュース番組で放送されたのを観た大阪の竹内さんから、私のところへ連絡があった。竹内さんはその時初めて、祖父どうしが親友であったことを知られた。私とても「一次」を「かずじ」さんだと思っていたり、私の家にあった大正二年ハバロフスクで撮られた写真に直造や正三と一緒に写っている方が、一次氏とそのご家族であることもその時初めて知った。

萬代や直造の日記にたびたび登場し、「出兵」など大事なときに協力し、ロシアで似たような生き方をしてきた両家だが、帰国後交流は途絶えていた。孫どうしの歳月をこえての奇遇はお互い嬉しかった。

一次氏の略歴は次のようなものである。

一八六八年（明治元年）　愛知県蒲郡市に生まれる。

一八九六年（同二十九年）ハバロフスク市フルーンヤ・ムラビヨフ通りに木造家屋を借りて写真屋を開業。一九〇六年（同三十九年）、同市ムラビヨフ・アムールスキー通り七番の木造家屋へ移転し写真屋を続ける。

その土地は地主の死後、ウスペンスキー教会に寄贈される。

一九一〇年（同四十三年）ウスペンスキー教会と貸借契約を結び、新しい建物の建設許可を取り、ホテルルーシーの建設に着手。設計はロシア人技師、建築業者は中国人。

一九一一年（同四十四年）完成。ホテル・レストランとして、一階には貴金属商、ローゼンベルク商会が入り営業を始める。写真館はルーシー横に独立して営業。

一九一八年（大正七年）革命、「シベリア出兵」で、居留民保護のため日本軍第十四部隊大井大将が駐屯し引き揚げを開始。

一九二〇年（同九年）引き揚げ完了し同年最後に引き揚げる。ルーシーは公有財産となる。

一九二八年（昭和三年）東京の自宅にて逝去。享年六十歳。昭和十八年妻テル逝去。

一次氏は日本人社会のためだけでなく、たとえば地元の孤児院やその他の施設に寄附をされたり等、地域の発展にも尽された。やがてそれがウスペンスキー寺院に評価されて、その土地を借りてホテル・ルーシーを建設することにつながった。

浦潮日報にも「ハバロフスクの日本居留民会長竹内氏のテル夫人はロシア語の弁もたつしっかり者だが、夫をたてるところはちゃんとたてて支えている」とちょっとユーモラスな紹介記事が載っ

建設中のホテル・ルーシー〔竹内昭二氏提供〕

ている。

一九一八年十二月の東京朝日には、「ハバロフスクの『在留邦人中の有力者』竹内一次」とある（原暉之著『シベリア出兵』）。浦潮程多くなかったハバロフスクの日本人の中で一次氏は出色の人物であった。直造とは明治二十年代後半に「西澤商店は八百露里のハバロフカ府に至るまで年数回の行商を派遣していた」（松浦充美著『東露要港浦潮斯徳』七三頁）ので知り合い、ずっと家族ぐるみの交際が続いていた。明治の中頃草深い極東ロシアで出会い、助けあった姿が想像される。長男英次氏も正三の三歳上で、同じような時期に東京大学の学生であった。

歳月は流れ、一九九三年夏に昭二氏は初めて奥さん、二人の息子さんと共にハバロフスクを訪問された。そのきっかけはあるテレビの現地リポートに映ったハバロフスクの風景の中の、お祖父様のホテル・ルーシーの建物が自宅にある写真とそっくりだったことだ。そしてこの建物が、正面入口上の竹内家の家紋「笹りんどう」もそのままに健在なのをその訪問で確認された。この時は郷土史博物館はまだ改装中だったが、アンナ副館長やスタッフのマリヤさん、さらに地元の郷土史研究家アナトリー・ジューコフ氏に会い、居留民に関する貴重な話をたくさん聴かれた。昭二さん自身も知らなかったような一次さんの活躍振りや友人の家まで教えられ、そして竹内写真館が撮った写真なども入手された。前記の孤児院の話もジューコフ氏から出たものである。

ジューコフ氏の本職は自動車関係だが、コツコツと永年にわたって革命以前のハバロフスク市の住民、それも住み着いた外国人の活動、住居、その後の消息を丹念に調べてこられた。無論ソ連時代は日の目を見ないどころか、危険さえ伴う研究であっただろう。しかし真実を知りたいという要求から熱心に調べる中で、博物館の学芸員とも親しくなられた。地元でも一目置かれる存在らしい、と竹内さんは感じられた。彼の案内で元ルーシーの建物の中に初めて入り、自宅にあった昔の写真と変っていない部分も発見された。そのあと昔を彷彿とさせる同氏の説明で街を歩かれた。

この時はこんなエピソードもあったそうだ。最初に博物館へ行かれたとき、職員の方が、竹内さん達をシベリア抑留者の遺族が何か不満を言いにきたのかと誤解され、帰れと言わんばかりの冷たい態度だったので、仕方なくホテルに引きあげた直後電話が入り、通訳氏が飛んできて「先程は大変失礼しました。すぐもう一度おいで下さい」と言ってるとのこと、今度は館長以下勢揃いで歓迎され、一次氏のことは我々もよく知っていますということになった次第。最初にちゃんと説明しなかった若い通訳氏もちょっと頼りないと思うが、明治大正の日露交流時代はそれ程遠くなってしまったということであろう。

そういう三年前のハバロフスク訪問のお話を聞き、ビデオも観せてもらい、私もぜひジューコフ氏や博物館の方にお会いしてみたいと思った。

そして九七年秋に竹内さんと（途中からご家族も加わられて）九日間の極東ロシアの先祖の足跡をたずねる旅に出かけた。

まずウラジオストクではまたゾーヤさんのお宅に滞在させていただいた。医師であるご長男は富山県で研修中で不在だったが、ご主人と十五歳のご次男がいつものように歓迎して下さった。

ゾーヤさんと三人でアレウツスカヤ通りを中心にかつての日本人街を歩き、堀江商店跡も訪ねた。竹内一次さんも歩かれたであろうその道は、昭二さんには初めてであった。ところどころに古い建物が残り、道幅も基本的には往時と変っていない。しかし九二年の開放当初に比べると、車も人もふえ、喧騒と治安の悪さは増したように感じた。金角湾にいくつもの廃船が放置されていて、あのロマンチックな風景が損なわれているのには少しがっかりした。湾の対岸にあるゾーヤさんのアパートの六階の窓から見る夜景は、変わらず美しいけれど。昔はビルもなく湾に抱かれた港にまたたく灯が見渡せたそうだ。日本人が昔見たのもそんな風景だっただろう。

郷土史博物館（アルセーニエフ博物館）も訪れたがこの時は失望した。日本人コーナーの展示が、日本文化の紹介と歴史がごっちゃになっていて、姫だるまや帯のケースに飾りのように居留民の写真が説明もなく貼られていた。かつての日本人街の地図はあるが、歴史としての説明はなく「出兵」についての言及もない。きれいな日本人形や提灯や下駄など（それも近年買い整えられたもの）は日本文化の紹介であって、日露関係や今の日本を紹介するものでもない。そのような日本趣味や仏壇ばかりが目立つと、よくある外国人観光客の東洋への異国趣味の延長ぐらいにしか見えず、郷土史博物館の見識をちょっと疑いたくなった。ウラジオストクの日本人居住の歴史や、両国の関係の大切な部分が、見学者に伝わるような展示の方が大切なのにと思った。博物館に古い資料やブレインがないとは思えず、予算や姿勢がないのかと思った。出てこられた職員にこの地図を見た人から質問や感想が出たかと尋ねてみたが要領を得なかった。

その後私達は極東大学のゾーヤさんの日本語の授業に参加したり、ＮＨＫ支局や立派なビルになった日本センターを訪れるなど現代の日露交流も行った後、ウラジオストクを後にした。

またウスリースク（旧ニコリスク）もゾーヤさんのご主人の車で日帰りで訪ねた。ウラジオストクから北へ一時間余り、かつて日本人居留民もおり、堀江商店も取り引きがあったところだ。たまたま同行されたウスリースク教育大の歴史の先生のご説明で、勃海の遺跡や革命以前の建物、日本人がかつて住んでいたらしいという通りや家の跡などを見た。少し手前のシベリア鉄道の「ラズドーリナヤ」駅の古びた平屋の建物は昔のままで、荒涼とした周囲の風景は、かつて商品をもってここを通ったであろう祖父らの時代を想像させるのに充分であった。ウスリースクの街は大きく、昼食に入った食堂の郷土料理はおいしかった。ここで竹内さんは、子供の頃お祖母さんのひざに抱かれて聞いたハバロフスクの暮らしや、お祖母さんの口から出たロシア語を私たちに披露された。「月夜に酔って外に居たら十分で死ぬよ」とか、馭者にこんなロシア語で呼びかけたとか……。一片のメルヘンだったろう。

私の祖母もハバロフスクのことをハバロフカと書いていたし、竹内テルさんもハバロッカといってられた。それがロシア人の発音に近かったのであろう。郷土史資料館か役所の市史編さん室のような所を訪ねてみたいと思ったが、それは今回はできなかった。しかし昔日本人と関わりのあった街へ行けただけでも嬉しかった。

翌日ゾーヤさん、竹内さん、私の三人はシベリア鉄道でハバロフスクへ向けてウラジオストクを夕刻出発した。シベリア鉄道は旅情があって好きだ。行楽気分でお酒とお弁当をひろげようとした時、はたと気がついた。ゾーヤさんのお家で一生懸命作ったお弁当を忘れてきたことを。ウラジオストクの駅までの道がすごい渋滞で、発車時刻に間に合うだろうかとやきもきしているうちに、お弁当は車のトランクの中でさようならとなった次第。

私はシベリア鉄道は三度目だが、駅を離れ、人里を離れると、点在していた少し貧しい家もなくなり、荒涼とした自然が続く。ときどき海も見える。昔、辺境のこの地を人々が開拓し始めた頃はゾクッとするような夢と不安があったのではないか想像の翼が拡がる。

ハバロフスクに着きインツーリストホテルに落ち着くと、竹内さんの奥さんとご長男、そしてかねて知らせてあった北海道新聞の加藤記者と落ち合い、早速、ムラビヨフ・アムールスキー通りにある元ホテル・ルーシーへ向かった。

この通りは、文化と休息の公園からレーニン広場へ向かうメーンストリートで、多くの観光客も歩くところだ。その公園から二筋目の角、レストランさっぽろの並びにある元ルーシーは地上二階地下一階、そう大きくはなく、ロシア風の建物に笹りんどうの家紋と、その下にある中国の建築業者のマークが不思議に調和している。てっぺんにニコライ寺院に敬意を表したのか、教会の尖塔を模したものがある。

この笹りんどうを日本の家紋だと気づいた日本人は少ないだろうが、地元でもそういう歴史は殆ど知られていない。私も二十年前に観光で来たときは勿論知らなかった。このホテルはシベリア出兵時には日本軍の司令部として使われ、一次氏も直造と同じく当時日本軍に協力された。

中に入ると大改装中で、二階のはがされた天井から一九一二年の新聞が出てきた。内部は竹内さんがお持ちの昔の写真と同じだ。それを興味深く見られた現オーナーのロシア人は、基本的なつくりは変えずレストランにする予定を話され、来歴を掲示したいとのことだった。私の祖父も訪れたこの建物の当時のレンガのひとかけらを記念に頂戴した。

インツーリストホテルのはす向かいにある郷土史博物館は立派になっており、展示もかなり充実していた。「シベリア出兵」への言及では石戸商会の写真まであった。

アンナ副館長にお会いし、私のもっていた古い写真がハバロフスクのものであることもわかった。美術館の売店で竹内写真館撮影の写真も発見し、竹内さんは買い取って郷土史博物館に寄贈された。

来年のハバロフスク市建設百四十年祭で、私達の持参した写真や一次氏のことを展示したいとのことであった。また北海道新聞の他、ロシアの新聞「太平洋の星」も私達の訪問やルーシーのことを記事にされるとのことであった。

ジューコフ氏がなぜ見えないのかゾーヤさんにたずねると、「仕事の都合で来られない」とちょっとそっけない返事がかえってきた。九三年のときの様子ではぜひまた竹内さんに会いたいとのことだったし、夜ホテルに電話くらいありそうなものだ、ゾーヤさんには事前にその九三年のビデオを渡し、何度も連絡を頼んでおいたのに、と残念に思った。

ゾーヤさんは私達が行くことを事前に博物館に連絡をとってられた様子はなく、ホテルのお風呂（その頃ウラジオストクでは家庭のお湯が出なかった）や雑談には興じておられたが、歴史研究はまた別の機会にしようと思ってられるのかな、と私にはちょっと思えた。

このあと竹内さんは、ハバロフスクの現在の日本人会の会報に「わが第二の故郷、ハバロフスク訪問記」と題する一文を寄せられた。要約して紹介させていただくとこうだ。

「小生、幼少期に祖母のひざの上で聞いた『おとぎ話』がタイムトンネルを越えて現実になったのが、なんと還暦を過ぎた六十六歳でした。ハバロフスクには九三年にやっと行くことができました。当時、郷土史博物館が大改装中で入れず、アンナ副館長さんと面談し、当時の写真を見せたりするうち、祖父の名前『イチジ』が出てきて驚きました。（元ルーシーの）建物を見にいったところ、二階の事務所の部屋が当時の写真と一致し、従業員も驚いていました。

小生には第二の故郷でもあり、祖父母のぬくもりを感じるハバロフスクです。祖母が晩年、亡くなる前に『もう一度ハバロッカへ行きたい、ルーシーに帰りたい』といったことを、七十歳の孫の小生が実現したことで感激しています。郷土史博物館には祖父、父の写真も展示され、今後一層の日ロ関係の発展を心から願うものです。

一八九六年、祖父母がバラック木造家屋を借りて写真館を開設し、どうやって冬を乗り越え、約十五年弱でウスペンスキー教会に認められ、教会の土地に建物を建設したのか、その苦労は大変だったと思います。原動力はやはり、現在の豊かすぎる日本人には考えられないハングリー精神ではないかと思います」

私もウラジオストクの現在の日本人会の会報に少し書いたことがあるが、現在ロシアでがんばる人達と私たちの先祖がつながるようで嬉しかった。

そして翌九八年五月、展示がどうなったかとジューコフ氏に会いたいという好奇心から、竹内さん夫妻と義妹の方、私の四人はまたハバロフスクへでかけた。

この旅で特筆すべきことのひとつに、良き通訳を得られたことがある。

全亨韶（キム・ホンソ）さんといい、一九二七年、今の朝鮮民主主義人民共和国（北朝鮮）に生ま

ハバロフスクのホテルで懇親会
右から竹内左知子さん（竹内昭二氏の妻）、著者、
エレーナ・スシコさん、ガリーナさん

ハバロフスクのホテルで懇親会
右からジューコフ氏、金亨韶氏、竹内昭二氏

れ、五歳のとき日本領だったサハリンに渡り、小学校、実業工業学校の教育を日本語と日本の習慣で受けられた。

一九五七年朝鮮に帰られ、さらに六四年ハバロフスクに移られて現在に至るまで、国家と政治に奔弄され、筆舌に尽くし難い苦労をされたが、今はハバロフスク市民としてご家族と共に平和な日々を送っておられる（武田洋平著『朝鮮人』金亨韶、流転の六十六年」東海大論集）。

その誠実な人柄は、戦前の日本文化の一面が生んだ律義さを思わせる紳士であった（風貌は少々田舎臭いけれど）。十八歳まで使われた日本語は、殆どネイティブと同じで我々と違和感もない。人柄や人脈の広さに定評があって、報道関係者や文化人などもよく通訳を依頼されるらしい。

金さんのことは事前に東海大学武田洋平先生から紹介され、私達の目的や訪れたい所も伝えてあったので、金さんの手筈で郷土史博物館のスタッフやジューコフさんとも首尾よく会えた。短い訪問を実のあるものにするには良き現地通訳は大切である。余談だが、金さんの奥さん（サハリン時代の同窓の朝鮮人）は日本や日本人が懐かしくて、竹内さんが電話をされたときもなかなか切ろうとされなかったそうだ。戦時中、いわゆる強制連行された朝鮮人とはちがう対日感情をもってられるようだ。

博物館では、アンナ副館長の右腕ともいうべきマリヤ・ブリコヴァさんが竹内一次さんのことをよくご存じで、当時の写真を見せてもらい、写真館の頃の同業者の子孫の住所も教えて下さった（そこも訪ねたが特筆すべきことはなかった）。さらにジューコフ氏が一次氏の活動について、当時の新聞記事や演説のコピーをひろげて熱心に話された。氏の「竹内さんは市民に人気がありました」という言葉を聞くまでもなく、地元に溶け込んで生きた日本人居留民の姿を発見した。一次さんは今でいう企業メセナのような活動もしながら、ロシアでの生活が末永く続くものと思ってられたようだ。

一次さんのことには詳しいこの方々からも他の日本人の話は聞かなかった。

さらに私にとって意義ある出会いとなったのは、ウラジオストクの郷土史博物館の女性学芸員の方二人が見えていて、堀江のことや昨年私が同博物館の日本人コーナーを見て感じたことも話せたことだ。

中堅らしいイリーナ・スシコさん、日本人と話すのは初めてというガリーナさんたちと意気投合した。

この方々の新鮮な問題意識や展示の充実したハバロフスクのマリヤさん（大学の同窓とか）達の協力で、ウラジオストクの博物館も変っていくような気がした。彼女達が来ておられたのは、公務の出張もあったかもしれないが、私達の訪問に合わせるよう計らって下さったのではないかと思った。そしてロシアの社会にある縦社会、組織別のセクトみたいなものをチラリと想像した。つまり私は今まで歴史研究所や大学でゾーヤさんとだけつながってきたが、博物館にも歴史の共同研究のできる条件はあり、それはまた別の扉を叩かなければならないのだと……。

この出会いが二年後にウラジオストク・ビエンナーレにつながるとは私はこの時は知らなかった。ホテルのロビーに場所を移しても尽きない話、その夜皆で盛り上がったパーティーでは、それぞれの経歴やロシアへの思いなどを話して、心の通った楽しいひとときだった。通訳の金さんは食べる暇もなかったが。なおジューコフ氏は前年私たちがハバロフスクに来たことはご存じなかったらしい。

ジューコフさんは昔新聞記者、今は州政府要人の車の運転手をされているそうだ。ジューコフさんも金さんも自分のことは多くは話されなかったが、奥の深い人だと思った。ソ連の社会はたくさんのこういう人達を内包していたのだと私はふと思った。

元ホテル・ルーシーも見に行った。リニューアルに成って二階は子供向けの本屋、一階は今風の小ぎれいなレストランになっていた。ハバロフスク市政百四十周年記念展示の方は、予算の都合で遅れていて秋になるだろうとのことだった。ここはウラジオストクより静かで落ち着いているが、日本企業の撤退も相次ぎ、やや沈滞ムードなのは否めない。ムラビヨフ・アムールスキー通りの端の公園から河岸の展望台へ、そこから見下すアムールの流れは相変わらず美しい。

九二年にゾーヤさんと知り合って以来、資料をお送りする他、お互いの家に滞在して主婦感覚の親睦を続けてきたが、その域を出ない虚しさを私はこの頃から感じていた。

私は専門家ではないが、ある程度歴史研究として取り組んでいることに、彼女の方からもさしつかえない範囲で資料提供のようなことがあるかと思ったがほとんどなく、私が期待したものと彼女が私に望んでいることに落差があるように感じた。

ロシアの方々に資料を提供することにも確かに意味があるけれども、明治、大正という時代への洞察は、やはり日本人の私の方がやりやすい。とくに私の世代は戦前の日本の社会のありようも、戦後の民主主義も一定の実感をもって知っている。だから私自身の目で祖父らの遺品を読み解き、書こうと思うようになった。

二　浦潮を想う居留民の子孫に次々出会う

居留民の子孫の方々と知りあう機会もふえてきた。そしてかつてのウラジオストクに限りなく美しい思い出と郷愁をいだいている人たちがいることがわかってきた。革命や「シベリア出兵」といった社会情勢とは無関係に（?）、自分たちが子供の頃過ごした浦潮の美しい街や、楽しかった日々の暮らしの風景を、珠玉の思い出として胸にしまっておられるのだ。

九六年のＮＨＫの放送のあと、竹内さんの他にも数人の方から連絡をいただいた。親が浦潮で商売をしていた人、浦潮で生まれ幼少期を過ごした人、船舶や軍などの仕事で浦潮にいた人の子孫の方などである。

「ウラジオという言葉に懐かしさを覚えて」「親から聞いていた話を思い出して」と、お電話をくださったのだが、その中で浦潮の思い出を一番懐かしそうに話されたのが、大阪府池田市在住の川口和恵さんだった。そのお話は大体このようなものであった。

浦潮で生まれ十一歳まで育った。美しい街の様子や暮らしぶりをよく覚えている。カソイペレウーロクの自宅は黒板塀に冠木門があり、ボルゾイを飼っていた。父は山下汽船に勤めたあと洋酒、その後菓子製造の商売をした。日本から職人を呼んでビスケットを製造しルーマニアに納めていた頃は、繁昌し良い暮らしであった。居留民の家族との交際や、祝祭日の領事館でのパーティーなどが楽しかった。自家製のジャム、街角のアイスクリーム、バターやソーセージがおいしかった。「シベリア出兵」まではロシア人の子供たちともロシア語でよく遊んだが、その後は日本人社会が次第に国粋主義的になっていき、日本人とばかり遊ぶようになった。でも仲の良かったロシア人の女の子、タマーラちゃんの顔は今も覚えている。

昭和六年に長崎へ引き揚げる船の中で、母は「もうああいう良い暮らしはできないかもしれないよ」と言った。原爆で姉は亡くなり、当時の資料も焼失し、ロシア語も忘れてしまった。「浦潮」はいまあのメルヘンチックな街並みと共に自分の心の中の思い出だけにある。いつかもう一度見てみたいと思いつつ高齢になってしまった、と。

杉山さんの『ウラジオストクの旅』に出てくる故和田保彦氏もそうだが、浦潮は街も暮らしもとても良かったという思い出だけで、「出兵」時にもかかわらずキナ臭さがない。川口さんも街に火の手があがるのは見たそうだが、浦潮の美しい思い出を傷つける程のものではなかった。単に子供だったから

川口商店の前で（葬儀の時）昭和初期か？〔川口和恵さん提供〕

だろうか。

かつてのロシアにノスタルジーと、更に複雑な感情ももっておられる居留民の子孫に、九九年二月に長崎でお会いした。直造日記にもたびたび登場する下田滋氏の娘さんで、現在島原市在住の朝来マリさんである。下田氏は浦潮で貿易商を営み、居留民会の主だったメンバーで、直造といろいろな行動を共にされた方だが、マリさんはロシア人女性との間に一九一八年浦潮で誕生された。

私は長崎のホテルで来し方を伺い、お母さま（シューラ・ドクチャーエバさんといった）らと撮られた浦潮時代の写真も拝見した。お話によると、お母様はその後病死、一九二〇年滋氏の故郷島原に引き揚げた。島原の旧家である下田家で主に祖父母に大切に育てられたが、ロシア人の母のことは周囲の人も殆ど語らず遺品もしまわれてしまった。そういう時代であった。長じて母のことを知りたいと思ったときは殆ど手掛りはなかった。浦潮を去る時、母の弟が馬に乗って見送りにきて「マリーナを頼む……」と何がしかの財産と共に父に託されたが、その後の消息はわからない。下田家では日本人としてもロシアの血をひく者としても恥ずかしくないよう教育を受け、経済的にも不自由はなかったが、戦前の日本社会での若き日は複雑な思いもあった。今も神田のロシア正教の教会・ニコライ堂でもらった十字架を身につけていて、「日本中にあるロシア正教の教会をお前の母の墳墓だと思え」と言われたとのこと。母の思い出の地ウラジオストクへいつか行ってみたいと思いつつ、七十余年が過ぎてしまった、と言われた。

お話を聞いていて、無名の民衆の中にも脈打つ日露のつながりを改めて思った。差し上げた直造日記のコピーで、浦潮時代の父の活動の一端を知ることができたと喜ばれた。

そしてこのお二人、朝来さんと川口さんは九九年八月、ウラジオストクを訪れる機会を得られた。まさに「瞼のウラジオ」であった。後述の関西日露交流研究会のメンバーと共に四泊五日の旅をされ、かつての日本人街や下田商店の跡、ロシア正教の教会などへ行かれた。朝来さんは教会のミサにも参加してお母様への鎮魂の思いに涙され、川口さんも子供の頃親しんだそこかしこ、住まいのあった場所にも立って、懐かしさも一入だったとか。いずれもゾーヤさん、日本総領事と職員、アルセーニエフ郷土史博物館のソコロフ氏、ルスナックさんが案内してくださり、同博物館のお二人はテープレコーダーまでもってきて、川口さん達の話を聴かれたのに感動された。そういう時間がもっとあって、日本人街跡をもっと歩きたかったというお二人、下田商店跡のレンガを拾い、道端の草花にもいとおしさを覚えたという朝来さん、昔はもっとロマンチックな街だったと言う川口さん、七十年ぶりの浦潮との再会であった。

直造を直接知る元居留民のお子様にもやはり長崎でお会いした。

太田良三郎氏の娘、中尾志津さんである。太田氏は日露戦争前に雑貨商として成功し、戦後、アレウツスカヤの堀江商店の隣のビルで商店を大きくし、その後一流ホテル「ヴェルサイユ」（いまも合弁ホテルとしてある。見返し地図左上のウェルサーリホテルのこと）を経営された。萬代の日記にも夫人の名前が登場する家族ぐるみの交際のあったお家で、志津さんは七歳まで浦潮に住んでおられた。「堀江のおじさま（直造のこと）には可愛いがっていただきました。懐かしいです」とおっしゃった。

七十九歳の川口さん、八十二歳の朝来さん、九十四歳の中尾さんたちにとって、かの地の暮らしは、資料で証明できなくとも、確かに浦潮に生きた証として生涯心に残っているのだ。

竹内さんの場合は、現在もハバロフスクと交流を続けておられ、九九年にはちょうど市政百四十周年行事があり、日本人居留民の子孫が分っているのは竹内さんだけとあって歓迎され、市長さんや知事さんと共に挨拶をさせられたり、現地マスコミの取材を受けたりしたそうだ。

ご自身は浦潮に住んだ経験はないけれど、浦潮時代の資料を大切に保存してる方がおられる。「浦潮日報」創立者、和泉良之助氏のご長男の未亡人和泉道枝さんで、山口県柳井市で和泉家に遺された資料や蔵書を整理保存し、希望者に見せておられるというので、桧山邦祐氏（『「浦潮日報」創立者和泉良之助』の著者）のお誘いを受けて、九九年九月に、元明治大学教授山本敏氏夫妻もご一緒に四人で訪れた。和泉家は十年ばかり前、東京から道枝さんの郷里柳井市伊陸《いかち》に転居され、文庫（離れ）を母屋の横に建てておられる。

道枝さんは八十九歳になられるとは思えないしっかりした明るい話しぶりで、私たちを歓迎、文庫へ案内して下さった。直造も浦潮日報の株主のひとりとして、発刊当初から運営面にかなりかかわったのは三章で述べた通りだが、浦潮を代表するジャーナリストであった和泉氏は、日本人居留民会活動の大切な助言者であり、事あるごとに直造らと行動を共にしていた。

そして和泉氏が東京へ引き揚げてから昭和六年に亡くなられるまで、やはり当時東京にいた直造との交流もあったのではないかと想像していた。

想像は当たった。今回拝見した和泉氏の年賀状の住所録や葬儀のときのお香典控えに直造の名前を発見した。スパルヴィン博士をはじめとする著名人の他にウラジオストク居留民だった人達の名もあった。

また、浦潮日本人小学校の明治四十一年の児童教職員一同の写真の中に正三の顔も見つけた。日本人小学校の初期の頃と思われる建物の写真を見たのは初めてだが、その質素な入口や看板などに当時の雰囲気が偲ばれた。

この他に戦前戦後のロシア関係の本から、道枝さんが蒐収された最近の一般的な書物まで収めたこの文庫を、将来は伊陸の資料センターとして、柳井市に寄贈したいとのお考えだった。舅である良之助氏（嫁いでこられた時はすでに他界しておられたのだが）の業績を大切に思い、桧山氏に本の執筆を依頼され、自費出版された道枝さん。またそれを地道に調べあげて上梓された桧山氏。そういう方々の努力で、和泉氏ひとりにとどまらず、浦潮の日本人社会やそこで果たした一邦字紙の役割を世に残すことができた。浦潮へのノスタルジーだけではない問題提起であろう。日本の片隅に、というと失礼だが田園風景の美しい田舎町に、今日こうして「浦潮を想う人々」が、またひとり健在であることに私は小さな感動を覚えながら和泉邸を後にした。

新聞報道もまた資料の発掘に役立った。九八年十一月に朝日新聞西日本版朝刊に、直造の遺品と私のとりくみが「一〇〇年を経た民間交流の発見」として報じられた。それをたまたま見た人の中に、堀江商店と関係のあった居留民の子孫、大河内俊光さんがおられる。お祖父さんの大河内門三郎さんが、直造と取り引きがあっただけでなく、お父さんの大河内弘さんは、堀江商店に住み込んでおられたことがある。どちらも直造日記に何度もお名前の出てくる懇意にしていた大阪の商家である。

大河内門三郎氏は安政六年生まれ、和歌山藩士出身だが、大阪貿易語学校でフランス語を学んだ後、極東ロシア奥地で毛皮と大阪で仕入れた衣類等との取り引きや滞在をする中で、ロシア語、ギリヤーク語、中国語なども習得し、現地の人や日本人商人の間で、ちょっと知られた豪放磊落な大阪商人であったらしい。その後税官吏を経て明治三十七年、日本陸軍の通訳となり、樺太国境画定委員会などにも関係された。長男・弘氏は一八九〇年（明治二三年）、ハバロフスクで生まれ、日露戦争勃発の一九〇四年、十四歳で九州天草へいったん引き揚げたが大阪へ出て、その後ウラジオストクへ渡り露語学校へ入られた。その時堀江商店に書生か店員か定かでないが、住んでおられた。直造日記にお名前は出てくるが詳しいことは分からず、その後の交流もなかった。今回弘氏の長男、俊光氏（六十三歳）が新聞を見て、お父さまから堀江の名前を聞いていたのを思い出し、連絡を下さった次第。竹内さんのように八十年の歳月を経て、孫どうしの対面となったわけだ。さらにおもしろいことに処分寸前だった明治、大正時代の極東ロシアや北海道の写真や手紙、仕事上の書類などを古トランクに入れて私宅へ来られた。直造の自筆のお悔みの手紙まであった。絵はがきなどは門三郎氏が商売で極東ロシアの奥深く入られたときのものらしく、当時の少数民族の生活が想像されるものであり、通訳の時や毛皮商関係のもの、オムスク政府の紙幣やニコライエフスクの総督の異名をとったあの島田元太郎からの手紙や年賀状もあった。いずれ整理し活用させていただくつもりだ。

堀江商店の玉垣〔矢島睿氏提供〕

敦賀市の金崎宮という神社には、かつて浦潮敦賀航路華やかなりし頃、浦潮で活躍した居留民たちが、神社の参道の玉垣に商店名を刻んで寄贈したものが今もいくつか残っている。もう剥げて判読し難いものもあるが、浦潮で得た利益の中から敦賀に感謝をすると共に、自分達の痕跡を文字に残したかったのだろう。私はここを二度訪れて、玉垣の写真を撮り高台から港を眺め、かっての賑わいを想像した。そのときは直造の名前の刻まれた玉垣は発見できなかったのだが、その後北海道の矢島博物館協会監事が崖っぷちのような場所で見つけて撮られた堀江の名のある写真をいただいた。

意識しなければ捨てられてしまう民間の史料の発掘が、少しづつ実を結んできた。また直造が日記に固有名詞を書き残したことが、子孫が八十年の歳月を越えて出会い、歴史の面白さを共有する縁《よすが》にもなった。かつて極東ロシアに関わった普通の人々の息づかいを伝えるような物も人も、まだどこかに埋もれているかもしれない。この発掘はまだまだ現在進行形である。

七章　私の日ロ交流、そして未来へ

一　日ロ双方で事実を調べ、共通の歴史認識に立った浦潮日本人居留民史の総括を期待する

居留民の歴史をたぐっていて、極東ロシアの日本人居留民の実像をどうとらえるかについて、私は当初一種のとまどいがあった。

先にも述べたように、私の知るかつて浦潮に暮らした人々は、皆個人としては浦潮時代に良いイメージをもっておられる。近代的西欧的な匂いのする街並みや暮らし、苦労もあったがいわゆるクオリティ・オブ・ライフはよかったのであろうと思われる。もちろん全員がそうではないだろうが。それに対して、全体像として社会的に果たした日本人の役割や位置づけについては、あまり良くないものが今までに読んだ本では主流だったからだ。たとえば次のように。

「元来が遊蕩気分の旺盛な土地柄だけに（略）、明治二十一年に沿海州庁が浦潮に還されることになったので、一段と景気付くことになった浦潮も、もはやその時代には内地の諸方面から追々といろんな連中が押しかけて来て、浦潮で一旗あげようという連中がふえてきました」（大庭柯公著『露国及び露人研究』）。

「在留邦人と言っても女郎屋の主人や洗濯屋、ペンキ屋、理髪屋などが主なものであったから、（西

本願寺の）お説教に集まったものは大部分が女郎衆で、男と言えば女郎屋の親爺と博徒風情の者ばかり」（石光真清著『曠野の花』で明治三十二年の浦潮の描写として）。

「第一次大戦前の日本の対露貿易業者は、弱小商人の小規模な交易の範囲をでず、倒産も日常茶飯事で、わずかな資本で投機的貿易に運を賭ける者などがほとんどであった。しかし大戦の勃発後は、ロシアでは敵国となったドイツからの輸入杜絶による日本への振替で、軍需品の輸出が急増したため、日本は強大なドイツ資本に代って激しい勢いでロシアへ資本進出をおこなっていった。（略）日本商社の『死の商人』ぶりが看取できる。兵器から日用雑貨までの売り込みの狂奔、戦争と革命にも無関心な日本商人の行動は、いくつかのトラブルをうみだした」（菊地昌典著『ロシア革命と日本人』より要約。主としてペトログラードの様子）。

「（明治期における『からゆきさん』のウラジオストク渡航の増加は）いわゆる『長崎奉公』の延長である。（公娼制度が認められていたシベリアで）ウラジオストクを振り出しに、日本人娼婦がかなり奥地まで入り込みえたのも不思議ではない。娼婦は全居留民人口の四分の一近くを占め、男は職人、女はいわゆる『醜業婦』、女中と子守が多く、一般的特徴は雑多な職業の都市住民、いわば『長崎奉公』の延長とみることもできよう」「北洋では乱獲と漁夫の酷使に支えられて、日本の漁業資本は飛躍的に発展した。カムチャツカ州などでは、日本人は買魚のため安物やまがい物の雑貨で土着住民を喜ばせて、驚くべき不等価交換を行っていたのである」（原暉之著『シベリア出兵』より要約）。

これらの社会背景もまた事実であろう。明治・大正時代、無権利な民衆が資本の搾取にあえいだ社会構造はそのまま海外に持ち出された。

「からゆきさん」に関しては、彼女達の悲惨な姿と貧しさに因る搾取の構造は、すでにいくつかの研究書もあり、「早くから外地に行った日本人は娼婦たち」というイメージは一般に定着している。

しかし、そういういわば日本史の恥部が先行して、地道な居留民の暮らしや日露交流については、今まであまり知られてこなかったのも事実である。

確かにウラジオストクは、明治の頃から娼婦や濡れ手に粟をもくろむ一旗組、博徒や女衒、悪徳商人のうごめくやくざな世界という現実もあった。一方、堅実な居留民による建設的な活動で浦潮の生産力（広い意味での）の発展に一定の寄与をした面もあった。初めは小さな資本であったが、時計屋、写真館、仕立て屋、医師など技術を買われた職業も多く、やがて貿易や製造業でも比較的大きな商人が現れるなど、二章で紹介した通りである。そういういわば表と裏の社会はどこの国でもあるだろうが、ウラジオストクの場合は何か特殊性があったのだろうか。つまり私が漠然と感じていた浦潮社会の光と影とでもいうべき面が、ある研究会での講師の話で整理された。

九九年二月、大阪大学大学院言語文化研究科主催のシンポジウム「ウラジオストークの日本人社会」で、木村崇京都大学教授がウラジオストクに渡った日本人娼婦についての研究から、ウラジオストク社会の性格、構造を考察しておられたことだ。

「(ロシアにとっても日本にとっても国策の先端をになった浦潮は)短期間で成長した歪みもあった軍都であり、犯罪都市としての性格や、表向きの産業（貿易など）の発展と同時に虚業（女郎屋稼業など）の繁栄もあった、最初から不幸を背負った都市であった」と。レジュメにはこうある。

「国際都市のひとつとしてのウラジオストーク

1．都市の急速でいびつな発展と病理化

2．国策と国際情勢に翻弄される住民たち

3．表向きの発展に寄生する空虚な「繁栄」

4．スパイ、密貿易、麻薬、性産業の「発達」

つまり浦潮は都市の病理も近代史の病理も凝縮された社会であった。また裏稼業と表の社会が資本の環流など有機的にからみあってもいた。娯楽の少ない厳しい気候の浦潮で、裏社会へ遊びにいく人も多かったかもしれないが、囲碁や弓道、謡曲の会のようにまじめな日本文化を楽しむ人達もいた。

そして裏稼業に精を出した者も表社会で活躍した者も、やがて国策に翻弄されてかの地を去った。

どこか浪花節的でもある。

ウラジオストクの日本人居留民史を見ていると、零細な個人商店から始まり、それらが寄って西比利亜商事のような株式会社へ、つまり資本の原始蓄積段階から集中へ、そして軍部と結びついて対外膨脹政策の拠点となった、凝縮された日本資本主義発達史を、また帝国主義のせめぎあいの二十世紀の世界史そのものを見ているようだ。

繁栄した浦潮も、企業の利潤の中にあった搾取や干渉戦争の橋頭堡になったことを思えば、ソ連時代は「敵の歴史の研究」などされなかったのは分かるが、ロシアになった今はどうなのだろうか。人間に光をあてた、生きた居留民個人の足跡の研究もされてよいのではないだろうか。より良い生活を夢見て辺境を開拓し、日露交流も育んだが、自分達のあずかり知らぬところで決定された国策のために戦い、すべてを失った――それもまた蒼茫の姿である。

日ロ双方で事実を調べ、共通の歴史認識に立った日本人居留民史の総括が、いつか専門家によってなされるのを期待したい。しかし、私は近年、一部の歴史研究者が主張するような「自虐史観ではなく、日本人の偉さを見直そう」といったような歴史観と軌を一にして、かつての居留民の業績を研究したくはない。

一九一九年以降に関する資料は私の家にはないが、「出兵」の後半、そして引き揚げのとき、露日協会や居留民会、仕事を共にしたロシア人たちの態度はどうだったのか。また日本軍のパルチザン攻撃や住民を巻き込んだ戦闘を見て、心ある日露の人々はどのように感じただろうか。「軍事用達社」もはじめは商売繁盛だったろうが、次第に代金回収が困難になってゆく中で、軍との関係はどうなったか等々、ミクロの社会背景で知りたいことはたくさんある。

そもそもシベリア出兵は「動機の不純さによって最も政治的な戦争といわれ、その存在すらも国家の手で国民の眼から隠蔽されてきた、汚い戦争の典型である上に、ベトナム戦争に酷似している。歴史教育の上で抹殺同様の扱いを受け、他の戦争にくらべ資料も研究者も少ない」（一九七八年『松尾勝造の日記』の高橋治氏の解説）。そして完全な敗北に終わった不義の戦争であった。その後、原暉之教授の労作をはじめ研究はなされているが……。

当時居留民会が、当然の如く反革命軍と日本軍を支援していったのは、世界や日本国内の政治思想によるだけでなく、浦潮における日本人居留民の経済的地位が、そういう意識を形成した面もあると思う。そういう意味でも日本人居留民の経済活動を知ることは面白かった。

今日「平和五原則」（一、領土・主権の尊重／二、不侵略／三、内政不干渉／四、平等・互恵／五、平和共存。一九五四年周恩来とネール両首相の間で確認され、国際政治の原則になったもの）にうたわれているような精神は当時は無論なかったし、そもそも民主主義の意識もなかった。

だから直造をはじめ居留民会役員の考えと行動は、当時の大部分の日本人に共通するものだっただろう。よく引用させていただいた原暉之先生の『シベリア出兵』の帯に書かれた「この戦争から何を学び何を学ばなかったのか」という問いかけは今も私の胸にある。ベトナム戦争でさえ近年、マクナマラ米元国務長官の反省や「ハノイ対話」のような戦った当事者どうしによる戦争の検証が始まっている。いつか日ロ間でもそんなときが来るだろうか。

二　日露交流研究や友好の裾野を広げるため「関西日露交流史研究会」を発足させる

今までロシア（ソ連）に関して日本では、マイナス・イメージをもたらす出来事があまりにも多かった。ロシアになってからも、経済や社会の混乱で、不可解な国だというネガティヴなロシア観は続いている。だからこそ正しい情報を得て理解を深め、歴史の事実もふりかえろう、専門家に限らずそんな思いを抱いている人達が寄って、「関西日露交流史研究会」（会長・杉谷保憲氏）なるささやかな民間の勉強会を、私もお誘いを受けて、九八年に発足させた。日露交流研究や友好の裾野を広げようというわけである。二〇〇一年十一月までに十四回の例会をもち、会報を七回発行し、会員も徐々に増えてきた。私もこの会で居留民以外のことにも目を向けるようになり、啓発されることも多々あった。

二〇〇〇年六月に、ウラジオストクの市制百四十年、アルセーニエフ博物館百十年、チェーホフ生誕百四十年記念ビエンナーレに参加した。日本からは演劇や音楽、美術等のグループをふくめ百二十数名が参加した、街をあげてのお祭りであった。

ハバロフスクでお会いしたあのエレーナ・スシコさんから招待状をいただき、マリア・ヒョードロヴナさんもみえていて二年ぶりに再会した。彼女たちのみならず博物館の多くのスタッフが歓迎してくださり、日本関係の展示の充実に意欲的だった。実際日本コーナーも前より良くなっていた。九七年のときの私の「失望した」という印象はなくなり、この二年間努力されていたのだなと思った。

エレーナさんのお宅に招かれてご馳走になり、私は通訳づれで大いに歓談した。

ビエンナーレの会議で私や前述の居留民の子孫、朝来さんと川口さんが、浦潮との関わりや思いを述べた。私も堀江の資料を見せながら、ロシアの聴衆を前に話したのは初めてだが、皆熱心に耳を傾けてくれた。また「家族のアルバム・コンテスト」で古い日本人の写真（事情は分からなかったが）を見せたロシア人もおり、これから過去の日露のつながりに目を向ける人も出てくるだろう。

エレーナさんは博物館所蔵の古い写真をたくさん見せてくださり、コピーもしていただいた。その中に正三の若いときの大井将軍のそばに多分通訳として立っているものを見つけた（やはり「出兵」時に協力をしていたのだ）。このビエンナーレでは日本人参加者とも有意義な出会いがあった。

二〇〇一年五月にはモスクワとサンクト・ペテルブルグに友人と出かけた。ペテルブルグ在住の日本人の友人が主催する日本文化紹介の展示会に私の資料や折り紙、書道作品などをもって協力し、同行の友人は和服持参でお茶のお手前を披露した。堀江等の日本人居留民史の展示では質問も出たし手応えはあった。またニコライ・ネフスキーの娘、エレーナ・ネフスカヤさんにお会いした。ネフスキー（一八九二—一九三七）は著名な日本研究者で、一九一四年から一九二九年まで日本で民俗学や神道を研究する傍ら、小樽高商や京都大、大阪外語でロシア語を教えたが、ソ連に帰国後スターリンの粛清により日本人の妻と共に銃殺された。正三の住所録にネフスキー氏の大阪の住所があり、また偶然にも同行の友人の父が大阪外語露語部でネフスキー氏の教え子、実家に一九二七年の卒業アルバムまであった。在りし日のネフスキー先生の授業風景や学生たちに囲まれた写真のコピーをもってエレーナさんにお会いした。とても喜ばれ、展示会場で思いのほか長く話し込んでいかれた。両親の粛清やその後の人生、日本への思い等々、気持ちを率直に話された。私たちがネフスキー氏の知人の娘として会ったことでいっそう親しみをもたれたようだ。

ネフスキー氏と正三を並べるのはおこがましいが、日本を深く知ったロシア人、ロシアに深くかかわった日本人、ともにその経験は生かされることなく、ネフスキー氏の場合は大きな不幸をもたらした。正三の住所録のネフスキー氏の名前を見ながら、二十世紀という時代の深い闇を二人は予見してはいなかっただろうと思った。中断された友好の歴史の修復は容易なことではないが、今日政府間でも平和条約締結への努力がなされている。微力ながら私もロシアについて勉強を続け、肩肘張らない「近所づきあい」を重ねたいものだ。そして極東ロシア日本人居留民の歴史を風化させず、平和な日本海を育むことができれば、不本意ながら彼の地を去った私たちの先祖への何よりのレクイエムになることだろう。

付記　日記原文・資料

堀江直造日記の主な内容

1918年1月1日〜9月9日

＊石戸商会事件

＊日本軍上陸、居留民会の協力

＊露日協会設立、日露市民の交流

＊浦潮の街の様子、商工業者や外国人の動き

＊日本人居留民会の活動

＊日本人居留民会連合による日本政府への請願書提出

＊「出兵」問題に関する寺内総理等への会見とその意見

＊日本人居留民有志による軍事用達社設立と軍への協力

1917年8月15日〜9月19日

＊露国輸入禁止及為替禁止の解除運動のため来日し政府交渉

＊日本で「浦潮日報」の活字、器具等購入

＊革命の影響による露国輸入障害の中での日本での商品仕入れ

１９１６年５月27日～６月10日
＊日本へ商品仕入れのため帰国
１９１６年８月30日～11月２日
＊日本へ帰国、青森へりんごの買付け、輸送、送金等について浦汐と電報連絡
１９１７年５月９日～７月27日
＊日本へ帰国、関東にて商品の仕入れ、視察、浦汐とのやりとり、親戚訪問等
＊朝鮮でのりんご買付けと視察、知人訪問

（注）ごく私的行動を除き全文を記載（いずれも原文のまま）。判読し難い字は×印にしました。年代順に掲載しました。（原文は堀江満智所有）

堀江萬代の日記
１９０８〜１９１０年

１９０８年（明治四十一年）

９月27日　晴天。朝八時までやすみたまふ。この日正午に積み込むべきブラゴイシンスク行の品物を請合させられ直様悉皆出荷させせられ既に豫定時には必らず発送すべき筈なりしが、店員の少し遅鈍に立働きしためすでに発車せし跡のまつり買主にも迷惑をかけしも、止むなく午後八時発まで延ばさざるを得ぬ事にたち至りぬ為に、荷物を當所にて注意せねばならぬ事とはなりぬ。されば石黒および趙をしても任に當らしめたまひ更に夜に入りてより協一をも遣はしめらる。午後八時発車なれば遅くも九時には帰宅すべき筈なるに九時をつげるや十五分すぎたれども帰り来ぬゆへ主人はいと案じたまゐ自ら単身提灯を持ち出てかけたまふ。後に十分をも経ちしかと思ふ頃協一、汽車は十一時までは発せざるとて代金請取書をとりにかへり直ちに引かへし停車場へと急ぎ行き又二十分程経ちし頃買主には汽車運賃の予相外に高價なりしため金銭に不足をきたしければ止なく米十カマスちぎれを引とらねばならぬ事となりたりとて馬車にていきせききって荷と共にかへりぬ。されど他の三人はまだ停車場にあるなり、少し敏捷にたちまわらざりし為かく多くもの時間と労力と金銭とを費し漸く十一時半総引き揚げられ無事帰宅せられる。それより食事をすませ寝つきしは十二時半なりき。是より先き夕刻より西村氏および油谷医者御来訪九時頃かへらる。

9月28日　晴天。朝七時半御目さめ今朝より冷水にて御からだを拭はせらる午後外出靴墨及び墨吸紙を購ひて帰らる恰も京都に帰しある正三より罪なきいとおしき書信来る無邪気なる文に腹をかかえて腹の皮のよじれん計りよみながら思はず吹き出しぬ実に彼の文は我等の唯一のなぐさみ彼妹いつも親の許へ迎へられん事を望みつつある文を見る毎のいじらしき、さりとて彼れも承知なる学校の設備なきを如何せんとて学校の出来るを彼も待ち我も願ふ親子の心の中より荒れ果てし西米利亜の暴雪風とは云へ親子一緒にたのしきまど辺にあるならば我家計は和気満ち満ちてかかる雪風の如きで通ふべき暖き風は我々にふきまとふらんに疾く呼びよせん事切に希望にたへぬぞかし十時すぎ寝につきたまふ。

9月30日　晴天なれど風つよし。七時半御起床けふは日曜なれば朝から閉店す。石黒、協一、安田がさかなつりに出掛け、大の不漁とて三人とも小さい鯖三尾を得てかへる。今朝あまりに新しき鮭ありし故大なるもの一留五十可にて買ひ塩引をなし置きたりけふは日曜なれば例により泥酔者多く彼処でも喧嘩此処でも喧嘩店の前にても始まり実に物騒な事なりき。夕食後碁を囲まれ前に加藤氏と二回後に石魚と二回の勝負に四回とも勝ちに帰し近来まれなる大出来十二時すぎ寝につかれたり。

10月1日　晴天なれど風つよし。今日はとみに寒さを覚ゆ風つよくして土ぼこり多く歩行困難なり。

御起床早々に露仲買の宅を訪ねられしに既に本国へ帰へりしとて他人の宅に変りおりたり。午後　阿華氏宅へ中秋の贈物を持ちて行かる。九十八号醤油一丁を送る。

先方よりも大鯉一尾をもらふ。直ちに調理なし刺身として夕餉の膳に登りぬ。味すこぶるよし。太田様より新しき松茸をもらふ。

夜将碁あり。前夜と打ってかわり、今夜は連戦連敗大敗北なりき。一時眠りに就かれたり。

10月2日　曇天　陰暦八月十五日今日は支那の盆まつりなれば支那人二たりは朝よりひまを遣り趙には小遣い二留を与ふ。この夜月きよくむげに室内にこもりおるも心もとなれりど流石に西比利亜の宵寒くして長く外におるも得難く宅に引籠りて石原と碁を囲ませらる五分五分の勝負にて床につきしは一時なりき。

10月3日　午前綿ネル製シャツヅボン下着荷せし故開箱せしめられ序に倉庫を片附けさせたり午後小林氏来訪の折彼の損害請願に付運働費の幾分八十円を渡されらる。夜は手紙を認められ十二時御就床。

10月4日　晴天。モンゴリヤ号敦賀直航にて井上富三氏を蜜柑仕入に遣さる夜は囲碁はづみたり。十二時就床。

10月7日　晴天。日曜日なれば午前閉店す午後七時より商友會集會あり出席せられ九時すぎ帰宅それより石原と囲碁の御慰みあり十二時就床せらる。

10月8日　風つよけれど暖かし。
10月9日　晴天暖かし。けふは露国の祭日なれば午前九時より同十一時まで閉店す午後管生氏を訪ふ夜は例の通り道三に御教示をすませられ囲碁の御慰みありて床に就かれしは十二時なりき。
10月1日　晴天。本日は午後三時モンゴリヤ解纜の筈書状を認め鐘江氏帰朝に托す。細野、藤原へ送金す　例の通り夜分は黒白を争ふ。
10月12日　晴天　暖気春の如し。
10月13日　昨日入港の宮津丸書状請取る
10月14日　晴天風強くして塵多し。　朝早く風呂へ行かれ午前商友会へ臨ませられ午後一時半より競馬見物に加藤氏松本氏と共に協一も伴なはれ〔原文アキ〕へ行かれ午後六時半帰宅　夕食を済まされ直ちに永田氏宅へ訪われたり八時半御帰宅。夜は客人を始め店員おらず早寝にて例の黒白の御たたかひも出来ずたまの物語りを聞き十時すぎ御寝なりたり。
10月15日　午前九時事務館へ趣《ママ》かれ十一時頃御帰宅。本日はモンゴリヤ号入港の筈然るに平田尚吉氏当船にて御渡航なるよう通知ありし為海岸まで午後二時頃趣かれしもまだ入港せざる為一まづ御帰宅尚又五時前より御迎ひに趣かれ寒むき濱辺に約二時間半立ちて御まちうけせられしも平田氏御乗船なかりしとて七時すぎ御帰宅直ぐに食事暫くして道三に御教導あり八時すぎ御就床。

10月16日　暖かくして小雨。午前二時半御起床手紙を四通認められ4時すぎ終へられ再び御就床。これより先より腹痛を感ぜられたれば九時すぎるまでも起きたまわざりしに元山津大久保氏御来店に付御起床便通ありしにおもしろからざることの通じたれば心配せしも漸次快方に向ひ大事に至らずして快復せられたり。夜は例の将碁なり。連戦連敗らしかりき。床に就かれしは十一時なりき。

10月17日　けふは御腹の御不快も殆んど快よくならる。早朝より大久保氏と共に買物に出らる午後四時半近来珍らしき大雨なり加へて雷鳴されど程なくやみぬ夜は帳簿および御手紙を認められ御寝となりしは十二時なりき。

10月18日　晴天。昨日の大雨に水を得て今朝より大洗濯をなす。大久保氏午後二時出航の弘前丸にて帰津せらる。夜は例の囲碁なり。十二時に御寝なりたり。

10月19日　晴天。暫くきれおりし米けふは着荷のため早朝は店も一寸賑たり午後舞鶴の客人来訪せられ市中見物にと同伴せられたり。夜は例のおなぐさみあり。

10月21日　晴天　日曜日　交通丸入港す。

10月22日　午後深澤氏を訪問す。

10月24日　明後日出航の神戸にて松本氏加藤氏の両君御帰朝になる筈にて夕餉には御別れの盃をとりかわしたり。明日は例のモンゴリヤおよび交通丸等も出航の筈なれば御手紙認や仕切書を記さるる等夜もなかなかに忙し松本氏加藤氏の両君は訣別の為とて態々夜九時より態々はるばるとソポッカへ趣かれたり御苦労千万あすははやくかへられん事望まれつらき事なり。

10月25日　昨夜より案じられし両君今朝は疾くかへり来られぬそれより荷物早々に調べられ、十一時頃宅を出られ神戸丸へと急がれぬ。実に松本の君には永らく御滞在の事とて我も兄君の如く思ひ慕いなしおりしに此度の御帰店実に御名残りおしき事よ主人をはじめ石原西村などは船まで御送り申上たり。今夜よりは松本さんの御快調なる御物語も聞き得ぬ事とはなりぬ。

10月26日　午後太田福子さん来訪、珍しき大栗をたまはりたり。

10月27日　午後四時半より御供して旧山口風呂屋のノーメルの浴室にて入浴せられたり時に、浴客の多きため入浴後三十分たつかたたぬ間に疾く々々との支那人の無遠慮の催促一時間は買いきり筈なれど催促せらるれば氣が揉め半洗ひにて大急ぎにて、いづ宅へかへりしは五時十五分すぎなりき。

10月28日　この日支那人の店員一名解雇せられたり。

10月29日　午後松田新夫人御来訪あり。

10月30日　午後舞鶴より直航せし多聞丸入航す。原田氏同船にて御渡浦宅に止宿せらる。

10月31日　昨夜来珍しき大雨ありしも午後よりは晴天となり夜に入てより月殊によし。

11月2日　記事なし。本日はとみに寒かりき。

11月3日　本日は天長の佳節なる上露国にても大祭日なるため終日閉店す例により晴天にて　いとも心よかりき午前十時貿易事務館に於て遥拝式を行わせられしを以て主人も、参列奉拝せられたり御帰宅後書飯を馬屋原氏と共にせられ（酒肴澤山）食後原田様と共に散歩せられ即帰宅後黒白の御慰みありし戦るるに敗をとらる。夜ははやくやすまれたり。

午後一時より商友会に臨席あらせられ同六時すぎ御帰宅直ちに服を着がへられ、（日曜日）事務官の御招きに趣かれ九時まへ御帰宅三十分程原田氏と御談話ありて寝につかれたり。

11月5日　記事なし　隆郎より丈余の手紙来る。

11月6日　午後二時出航の宮嶋丸にて原田氏御帰国になりたり本日ハザール（市場のこと）近傍なる新築の家を借る事に略決定せられたり。

11月7日　午後本日入港せしリスホルドにて来たりしとて秋山氏御来訪ありたり

11月8日　六日略さだめられし新築の家断然見合せられたり秋山氏本日より止宿せらる。

11月9日　記事なし。正三より大人じみたる文来る。

11月10日　初めて黄みたる蜜柑紀州より来る。

11月11日　珍しくも雨降りたり午後七時より商友臨時會あり。

11月13日　正午多聞丸出港す原田種造氏へ送金せられたり秋山氏午後七時五十分発の汽車にてハル

ビンへむけ出立せられたり今夜も商友臨時會を催され十時半御帰宅　直ちに諸事務をとられ寝につかれしは午前一時なりき。

11月14日　晴天にしていと暖かし午後二時リスホルド出港。

11月15日　きのふとも暖く好天にてさながら小春の如し。正午神戸丸出港す上山商店店員、昨日死亡せられしとて午後一時葬式ありたり。父上より来信正子慶事の吹聴なりき。

11月18日　とみに寒さ覚ゆ午後七時より臨時商友會ありたり十一時御帰宅。

11月19日　風つよくしていと寒し二十五日ぶりにて入浴せらる。

11月20日　昨夜より降りしと見え朝起きいで見れば一面の銀世界にて風さえ加わりいと寒し。正午頃までふりつづき風も殊に烈し店員挙て倉庫防寒の準備に終日費やしたり。

11月21日　けふも倉庫の修繕に忙し今夜午後十一時半の汽車にてハバロフカに、金集めに遣せらる恰もよし竹内一次様御家内の御帰店に御同道なし好都合なりき。

11月22日　正午入航せし多聞丸にて西澤御主人様御来浦同船にて本河氏岡野氏も来られたり。

11月23日　午後五時半よりとの郵船会社の招待をうけられ同刻行かれたりなかなかの御饗應ありたりとて十一時頃帰宅せらる。

11月24日　午前十時多聞丸出航す。同船に托し柿沼氏餅つき送附のたのみ状出せし。

12月1日　早朝協一ハバロフカより帰へる。
12月2日　きのふ土屋氏来店、多聞丸入港す。
12月9日　本日より木村を雇用せらる。
12月12日　午後二時出航のバルチックにて西澤御主人御帰国の途につかる安田も同船にて、帰国す。けふは晴天にして風なく暖かし静なる航海ならんと喜び合ぬ。
12月15日　風なくしていと暖くさながら春さき四月中頃の如く雪どけにて通路甚だ悪しく　一度氷結せし魚肉等も解氷なし実に意外なる暖気とはなりぬ今朝殆んど一と月ぶりにて入浴せらる多聞丸午後出港す午後松田氏油谷氏両家を訪問す。
12月16日　午後一時より商友會用件にて松田氏方へ趣かれ夜に入りて九時頃帰宅せらる。
１９０９年（明治四十二年）
正月元旦　午前四時に寝ね六時に起き店員一同と祝盃を挙げ第一番に倉成様御出で下され三時頃までには皆々様。
１９１０年（明治四十三年）
５月６日　午後三時より妹尾様をとふ。
５月７日　晴れわたりたる好天気待ちにまちたる正三よりの手紙昨日の鳳山丸便にての信書来る。とる手もおそしと開き見れば我東京にて別れし後大層頭をなやみし模様細々と長き文、実に驚き悲しとや云わんなさけなしとや云わんわれも頭のなやみを覚ゆ。されど父上の二十八日出の御文には、後日にまし元気恢復せしとの御報らせにてまづまづ愁眉をひらきたれど全く快方なのや否や遠く帰らせし事案じらる暇だにあらば正三の身の上のみ思ひ出づ嗚呼母も子も意苦地なし困ったことなり。

この日貿易商社の商品悉皆買ひとられ早朝より大多忙店員は随分草臥れしならん。

5月8日　曇し様な好いお天気のやうな日日曜日なれば閉店昨日買ひ取りたる品の陳列など店員はなかなかに忙しわれは座敷にひとり座しおらば正三の事のみ思ひいづれば午後より大洗濯をなす本日硝子窓一掃除し、夕方より小雨となりぬ嗚呼正ちゃんは今頃どうしてどうして居るか。

5月10日　曇天。貿易商社より招待をうけ午後五時すぎより高比良へ赴かれ八時すぎ帰へらる。正三より六日附の信書来る。

5月11日　早朝より吉富氏御来訪。

5月12日　近日になき晴天交通丸入港村松直三氏御来店。

5月13日　吉岡商店より商品全部買入れの約成る。

5月14日　正午主人ハバロフカ行の列車にて趣かれんため十一時すぎ宅を出でられたれど時間のまちがひのため乗られず徒らに引かへされたり聞けば十一時発車の筈なるとか鳳山丸出港正三へ返信送る。

5月15日　晴天。主人十一時前出宅ハバロフカへ趣かる竹内氏へ竹のこ長芋を送る。
5月17日　吉岡商店より引うけの品悉皆整頓す。この夜正三のやせ衰へて病床に臥しおる夢を見誠に心地悪し。

堀江直造の日記
1916年（日本帰国の時の記録）

5月27日　雨天　土曜。午前九時大津浦谷行く。青豆の注文をなすこと六拾。六月一日、午後三時の貨車に間に合す約束なり。（大津発）六月三日出の鳳山丸に積込む予定とす。
浦汐より来電　オオツマメウスシホ　シテツメクリームアカヤメ午前八時藤原方堀江商店宛打電す。
クリーム　九〇〇エン　ソウスパン
一六〇〇エンイルギンコウカワセニテフジワラオクレ同十一時半藤原経由堀江商店打電すマメ六〇タルツギホザンツムセイカンヨオイセヨ
午後二時十五分浦汐へ打電す。
Jkkinkankazu shirabeshirase　（略）

5月29日　午前八時過京阪電にて下阪す酢壜…本町御堂筋南入駒井商店にて取調ぶ。

大壜壱グロス　四円三十銭

小壜壱グロス　参円

本の注文と仮定して三ヶ月間を見積る必要ありとの事

（親戚、知人訪問等、省略）

5月30日　午後三時入電

Sakusantsumiire hikiuketakahen

午後三時半大阪へ行き、通運会社に就きて取調ぶ

伊藤出荷の五　…既に送附済明日敦賀へ到着の筈なりとの事。吉田廻遭店、電話にて問合せ処で必らず積むとの事なりし。直ぐ帰京七時半打電す。

Tsumuhikiuketa

午後八時過北村へ行く。（謡曲）大阪にて中井洋紙店（瓦町堺筋北入）に巻蓑の紙を取調べたれ共同店に無し。但し新聞紙の取引に付て談ず。帰浦の上見本を送附の筈に約束す今橋三丁目中村合資会社に巻蓑紙ありたれ共既に時間遅れたれば、明日見本と値段を通知し呉る様に店員に依頼し帰る。午後十一時象二上京し来訪す。大阪にてメリヤス工場新開業の日本人合資の入る事になりしとて来る。資本

金は神戸の九十九番館なりとか、支那商館ならんか。

5月31日　（略）　午前十一時浦汐打電す。

sakusan tsugifuneninaru

6月1日　午前九時過ぎ大津へ行く（豆の件）午後三時頃藤原鉄蔵氏来訪。午後八時過ぎ列車にて東上す。

6月2日　（略）商業学校に内海氏を訪ふ。紡織部長無藤氏に面会し種々意見を聞く其内左の主要点あり。

満州にて亜麻穀を燃料と為し居る筈也。是は精製すれば、ロープ細き物の材料に為す事を得る研究されよとの事也。内海氏の紹介にて南葛飾郡吾嬬村請地七四四。足立券治氏を訪ひ器械の事にて意見を求む。同氏の紹介にて浅草定泉寺の横丁にケーテー組器械製作所を訪ひ所長上月秀太郎氏に面会し意見を求む結局四五日の内に研究して通知を受る事として帰る林圭五郎氏を訪ひしも不在中なりし神田区小川町通表神保町壱番地。相原諏訪吉商店にて洗濯物挟みを交渉し見本として弐千五百個買入、吉田廻漕店宛発送を依頼して帰る。本に付六×の割、毎日弐千個位より出来ぬと申居たり（親戚訪問、省略）本夜は正三の下宿に一泊す。

6月3日　午前、正三と一緒に前記の相原商店に行き、午後九時帰洛す。

6月4日　（略）吉田廻漕店へ十日積入　豆四〇、干物ハサミ、鰻、等を通知す上野、トマト印刷一斤切断壱万個注文す。第一回…二十四日の鳳山に積入るべき事午後一時二十分浦汐へ打電す。

Tomatokanikutsu arukashirase.

夜、吉田、往く　十時半過ぎ帰る。

6月5日　午前大津浦谷へ行き青豆の支払をなす。十三日四十　出荷す。

（略）

6月7日　午前八時過大阪及神戸へ行く。

塩杏は十三日の義勇に積入る筈。

伊藤醋酸買入す。中井洋紙店にて取調ぶ見本に此処迄の紙にて磅一四三との事壱貫匁約壱円弐十銭に当る布のうに付き五円二三八となる到底引合ず上野へトマト印刷七〇〇〇個注文す。今月二十日迄に出荷の筈

午後八時浦汐へ打電す。左の通り

Nomitorikoyuniw kinshisetsuari chuiseyo

夜は戦か平和かと云ふ亜米利加の活動写真を見る。時節柄面白き有益の写真なりし。

6月8日　午前大津浦谷へ行く。トマトの事値段に要領を得ず帰る。四五日内に身帰れば精算の上に

て浦汐へ通知する事とす。

（略）

6月10日　午前八時十五分発にて敦賀へ出立す。藤原氏へ立寄り三時乗船、荷物積込多数にて出帆は午後八時に延ぶ。

堀江直造の日記
１９１６年8月30日帰国の記

8月30日　正午乗船の筈なれども出帆二時に延期せしを以て一時乗船す。二時半抜錨降雨甚しアスコルト湾の近く迄進行して風浪の為引返し検疫船三時近く停泊す。夜十二時過ぎ抜錨、二百十日の前とて風浪共に荒く元気更になし。

9月1日　午後五時敦賀へ入港す。藤居来り居て毛皮の検査を終え税金を支払い、具足屋着せしは七時前なりし藤居同宿す。金売値、毛皮売値等を聞く意外に安きに驚けり。藤原氏を訪問す。病人の為もあらんか元気消耗せり。店の要事を話すもいやらしく見受けらる兼々の申込みもある事故甚しく面白からぬ点もあれど此際に他に転ぜん事に決心せり。

9月2日　石原栄蔵氏を訪ふ。種々代理の事を略ぼ依頼す承諾を得たり午後三時十五分発列車にて東上す藤居は午前十時発列車にて上阪す毛皮及豚毛を持参せり。

9月3日、4日　（親戚訪問、省略）

9月5日　林圭五郎を訪ひ注文をなし帰る二十日間にて全部出来る約束、自分帰途に持帰る筈なり三越へ行き買物を調べ神田相原商店へ交渉直引合し見本を渡し

返事は黒石宿の方へする事にす。

9月6日　午前八時頃鉛筆会社を尋出さんとて初音町を調べしも其鉛筆営業者なし帰る。勤子女史の話に音羽町にありとの事、初音と音羽と思ひ違ひせるならんとて早速音羽町を調べたると果して有りたれ共自分の希望せる品は製造し居らず空しく帰る正午上野発列車に乗る途中西那須野にて大雷雨に遇ふ、以来俄然凄きよし。

9月7日　午前九時頃黒石へ着す浦汐連中未だ誰も来たらず正十二時浦汐へ打電す。

Dainakasoba 126 Horie.

午後尾上、西谷商店へ行き満紅壱車買附く。本年は尚未だ色附かず割合に売値高し　参円弐十七銭停車場渡し。前途少し下落の見込みなり。

9月8日　午前山崎氏の紹介にて元町鳴海徳太郎氏を訪ふ。十月三日の船にて委託出荷ある見込み

なり。
　午後余り無聊に苦しみ碇ヶ関温泉へ行く。柴田旅館に一泊す。一寸名の知れたる温泉なれ共何分田舎の事にて宿も清潔とは云はれず、食物の粗悪なるには閉口せり時しも降雨沛然として来り近き山及川の景色など田舎趣味は充分に感じたれ共愉快にはなかりし。
9月9日　午前八時五十八分発列車にて黒石へ帰る浦汐の正三より来電せり。敦賀藤原へ返電を発す午後7時過ぎ藤居より「しばらく行けぬ〇送ろかへ」と来電せり。何れ手紙来るべく、如何の都合にや左の如く返電す。マルオクレテガミマツ大河内方商店宛にす。
9月10日　朝来天気曇時々降雨暴風雨の兆あり。明日は二百十日の酉日なり当地小学校に油画の展覧会ありとの事にて一見に出かけたれ共感心の品もなし山本氏来る是にて漸く林檎連中を得たり。今後少し無聊を慰むる事を得ん。午後、荒川、服部、村松へ出状す終日在宿す。見るべき書物もなく閉口せり、人間は多忙にして活動せねば駄目なり到底一日何事もせずして旅宿に居る事は出来ぬ事なり。嗚呼　健康　多忙×あ×活動。
9月11日　本日弐百十日に当る昨夜来降雨強く風を添ふ。Ⓐ壱車出荷の報あり。午前店より来信、正三六日に出発せし報来る。晴天なりし由にて安心す藤崎〈ニ電話にて満紅壱車、紅絞一車、注文す。紅絞一六五、満紅一四五、何れも色合よしとの報告なるに付き少し高値なれども気張りたり。いずれ品を晴天になり次第に見に行く心積りなり藤居より来信によれば身体検査の結果当分養生する事となり出張できぬよし申越す。送金（猪皮代弐十一枚にて七百六拾円に売りたり）せよと打電す大阪木崎甚太郎方へ）夜。敦賀津田より来電、舟は鳳山に積まず。義勇運賃七拾五円積もかと問合わせあり。即時返電「シタギユニツメ」と打つ。東京正三、浦汐、藤居等へ発信す按摩を呼びて寝に就く。

9月12日　午前九時二十分発にて藤崎へ行き〈二に面会す。林檎は十四日午前中に出荷の筈。午後十二時四十八分川部発にて弘前へ行き五九銀行にて金を受取り帰る敦賀、津田より来電ありたり。午後四時半に藤原へ打電す。藤崎にて一柳店員に遇ふ服部より来電アサヒハナヨメ二〇村松より来電シナワルイネタカイミコミナイ夜同宿の小坂画師を訪ひ十時頃まで話す大分に涼気を覚ゆ。セル地単衣にシャツを用ゆる気候となれり。

9月13日　午前西谷へ行く。壱車の残りは明日早朝に出荷の筈なり夜中に浦汐より入電、大半鳳山丸六〇〇に着せり。

9月14日　早朝藤崎、電話にて壱百箱追加申込み受く。西谷へも同様追加申込む午後一時より政友会の政談演説あり。元田肇氏、我党の方針、無藤圭次氏の現内閣の外交と云ふ演題なりし。工藤孫右ェ門氏来訪。

9月15日　午前九時十五分発青森へ行く。旭、山本の二氏同道交通丸積荷合計六千八百七十箱。此内

当店の分壱千四百五十六個と店へ打電す仕入値、満紅壱円二十七銭、四十五銭の二口、紅絞　壱円六十五銭青森停車場食堂にて鍋島惣通氏に遇ふ午後二時十分発にて黒石に帰る青森にて浦汐へ積荷報告打電す。

夜に入りて、旭、山本氏と活動写真を見に行く。

9月16日　午前尾上　西谷へ行き、午後二時帰る。

9月17日　降雨、鳴海氏方へ訪問す。不在。夜一六印方へ訪問す、林檎買附及委托の談をなす。（略）

9月18日　午前五時頃入電浦汐より

Mitayoimikomi kaji attasaiwaini nanrasong ainasi Horie

上十川村　㊛組の人来訪す㋡山崎氏同道。委托を出す筈なり午後〈二子息来て金五百円渡す夜に入りて按摩を買ひ就寝す。一、浦汐、及尾崎、平田等へ出状す。一、藤原へ出状す

9月19日　尾上、西谷へ行く。満紅充分色附なしと雖二十四日の交通丸に弐車出荷し方注文す東京相原商店へ洗濯鋏注文金を送る。弟三銀行手形封入す

9月20日　午前山形村へ行く。一六印壱車買附す「セクル」㊛印の人来る荷判を渡す。向井氏来石す。

9月21日　午後Ⓐへ行く上品弐車を見る契約す。

二十三日正十二時迄に停車場へ出す事とす。値段、「セヨカ」の後藤原へ千円アレバオクレと打電す。

夜八時藤原より入電、カネ八〇〇エンヒロサキ五九ギンコトレ　アトフミ

9月22日　午前七時上十川村㊦へ行く山崎同道壱車出荷の約束毎壱円を前貸する事とす、但し品第二等品と認む。五九銀行にて藤原電為受取る。十二時二十分にて藤崎〈ニへ行く「セチロ」にて壱車買附す。浦汐電信輻輳延引本日只今迄何れへも入電無し（午後五時十分）多分火災事件の為め電信多き事と思ふ旭君へ水野より入電す玉葱四六〇との事。

一柳洋行は林檎積込を取消し来り数量減少せりとの事に北海道サハリン廻りにて浦汐より入電し相場不引合判明せるならんと断し〈ニへ、壱車積入方取消の電話をなす。

9月23日　午前四時半浦汐より入電　コンユー　五八　カネツルガトレ　イロヨキツメ之に依り午前六時　〈ニ、電話にて又積込方を依頼す。

9月24日　午前九時二十五分青森へ行く（連中一同）藤林へ行く。交通丸は延着明日未明に入港の予定との事に付き浅虫温泉へ行き仙波館に一泊したり。

9月25日　午後八時半浅虫温泉発列車にて青森へ行く降雨甚だしく積荷困難荷物濡れ多く且積残しの憂ありしを以て積込済迄午後十二時過ぎ迄藤林に居据りたり昼飯は塩谷支店にて為す。昨日も同様皆旭氏に勘定する事に依頼す午後二時十分発にて旭、山本氏等と帰黒す。午後は雨晴れたり青森停車場にて浦汐へ打電す。

Kusengohyaku uehitsunda 1381

9月26日　午前西谷へ行き三車注文す。金を渡し帰る　午後旭氏と工藤孫右ェ門氏を訪問す。久振りにて羽衣、弁慶を謡ひたり。

9月27日　午前、宮地、㋡へ行く荷印改良新しく製作す㋡方にて(長)組合に遇ふ。弐車委託出荷の約成る宮地は弐車買附出荷の筈。浦汐へ打電す

Minauretaka kyosobaikaga sokinmatsu

9月29日　西谷へ行く。五十嵐へ行く。

9月30日　朝　入電、ゼイタクヒン　ユニウキンシホーアン　ケッテイシタ　スヒジセ　タイシデンカジツトアル　クダモノカキキアワセチュウ　ワカリシダイ　シラス　コオツマダコヌ　入電　ゼイタクヒン　ヘンデンナイ

10月1日　早朝㋡へ行き五十嵐の荷物を検査するに品質劣等色合悪く斤量不足せり直ちに帰宿し他出張と協議し各店の品全部検査する事と協議を為し、向井、朝日、山本、自分、㋡(さ)(本)立会の上各荷印品に付検査す。五十嵐の品は最下等品にして斤量二十三斤なりし（店名、略）右の通り相違なし。海外輸出組合事務所に掲示す。

五十嵐の品は買附る事能はず委託にさせる必要ありと認む。今夜、或は明朝来宿する様に書状を人に

託し遣る。此の外他店品を全部見居り大に参考となれり。

10月2日　本日は正午迄に全部出荷済にて午後二時十分の列車にて青森へ送附す。浦潮行書状を認む。本日の出荷　Ⓐ一車、㊤一車なり。夜、西谷主人来訪す。積荷明細書を持来る、金三百円を渡す。五十嵐の出荷壱車は破約す　藤林より交通積荷壱万個の制限来る。

10月3日　午前九時発青森へ行く。交通制限九千個に改む　総積荷九千百六十二個の内、当店積荷千二百六十九個

積残　Ⓐ　三百十一個

㊤　弐百五十個　五百六十一個

即日敦賀廻はしとす、多分十日発の義勇に積入出来る積りなり。

10月4日　終日在宿す。榎本、西沢、打電す。　A店員来訪。

10月5日　午後二時頃、小林商店員藤田氏来石同宿す　本日は荷物の方も一寸閑散なれば終日在宿す夜、藤田君とひさしぶりにて熊野一番謡ふ。藤田君の小袖曽我を聴く。終日用事なし、閑を得て当町の日蓮宗の妙径寺と云ふへ行き、和尚に面会約一時間半対談す、なかなか面白き人なりし。

10月6日　一六印へ行く　Ⓐへ行く

10月8日　午前　長へ行く品質良し。午後Ⓐへ行く品良し　「太一へ品を見に行く　並等品也壱車注

文す。「セヨク」

10月10日　〈ニへ行く品一見す、荷造り改良せられたれ共、品質は不良、色澤なきは産地の悪しき為なり。午前吉田回漕店へ返電す。朝日氏と連名。ギユウヤメ　ホウザンニツメ　右は吉田より林檎義勇へ積込みは降雨中なれども、甲板積より出来ぬため其れ承知か如何と問合せ来りたれば、鳳山に積めと返電せしなり。午後一時半、藤原宛浦汐行打電す。交通九千個内千三百個積む義勇積止め鳳山に積む。午後二時藤原より入電。

一四六〇エンヒロサキ五九ギンコトレ

10月11日　午前弘前五十九へ行き直ぐ青森へ廻はる　当店の分は全部倉庫に積入済　安心せり。塩谷支店に一泊す。

10月12日交通丸入港、書状を認め終り同船に託送し、十二時十五分にて八戸へ行く。吉田役次郎氏不在なりし為　宿松屋に一泊す。

10月13日　午前、吉田氏を訪ひたると　既に契約済の品にて他に売出る事は迷惑なりとの事にて折角来りたれ共困りたり。漸く話して××セチロにて買入帰る。敦賀へ速達にて発送の約（明日出荷）。午前十一時発にて帰石の途に就き六時過ぎ帰宿す。少雨。

10月14日　一六印へ行き金を渡す　〈ニ来る。座談す。午後Ⓐへ行き同様金渡す　午後、㊎印来る。明朝品を見に行く約束す　夜、一六、渡辺、中村、喜多、朝日、等来宿、賑々し。

10月15日　神奈川、及浦汐へ打電す。午前七時　浦汐、

yamatojusenyasu iroyoimikomihen

10月16日　長峰村へ行く　〈ニに一泊し、工藤寅之助及組合員に遇ふ。　工藤氏一車出荷の筈なり。

10月17日　長崎組合へ行く、同組合も一車出荷の筈。午前十一時過ぎ帰石す。

10月18日　午前浦汐へ打電す

Tsugikotsumi 1700 tsumikiriageru 2800 yonokure kinyuenkiserito shinbunniarihen

昨日神奈川より入電

二〇ヒツククワシナイフミ

昨日東京日々新聞（十五日）に露国禁輸延期の記事ありたり。東京朝日時事にはなし。今朝浦汐へ打電す（欧文）

サルジンカ十ハコ　ホシブド五〇　ホオザンニツム

午後九時過ぎ返電来り　禁輸延期キカヌ　金出来次第送ル　大河内へ送ル　大阪で成行見ヨ　林檎多イ千個ニシテ倭積メ

10月19日　夜、通運山崎氏来る。藤田君と共に俊寛及羽衣をうなる。

10月20日　九十九表組合より百〇六個出荷せりと通知来る　「一四〇より手取り保障付き」なり　正午十二時浦汐へ打電す　委託アル最早　手配シタツム　イマ相場如何カ
午後青森へ行く、制限九千なるを一万二千個に交渉を開く。
10月21日　青森より帰る。全部積込事となる。
10月22日　午前九時発にて青森へ行く。交通丸積入総計壱万二千百弐十四個の内当店積入千五百拾五個
午後二時十分発にて帰石す。
10月23日　服部氏、来石　岡崎に宿泊す。
10月24日　午前服部氏出立す。浦汐より谷商店出張員への入電に依れば、貨車無く大暴落との事。浦汐へ打電す。アト積荷止メタ　金来次第　引揚ル
10月25日　昨夜、朝日氏宛て入電に依れば、浦汐は貨車無き為め売行なく一個も積むなと申越たり。以て同地の商況を知るところとなる。次回には一個も積入せぬ予定にて閑散と旅宿に至りて引篭り居て苦しき。只送金の来るを待つのみなり　午後、小坂氏と共に中野へ紅葉を見に往く。（略）
10月26日　午前Ⓐへ行く　㊤来る。午後、夜　一六印来る。明日上京の事に決す。浦汐、及大河内、

平田へ打電す。
10月27日　朝九時二十五分発出発。上京の途に就く。途中矢立崎の紅葉は実に他に見ざる所なり。青杉の間に紅葉の打混じれる。其間渓谷あり（略）此度を見ければ紅葉狩など語るに足らず
10月28日　朝八時上野着す。　林××へ行く。
10月29日　正三と文展へ行く。午後夜中平田病気に付き入電す。明日神奈川へ行き、午後夜行にて正三と同道、京都へ行く事に決す。（親戚訪問、省略）

（以下11月2日分まで、私事につき省略）

堀江直造の日記　１９１７年５月９日
鳳山丸に乗船帰京す

5月9日　正午出港の筈なれど一時半に延びたり。海上割合いに浪高く、自分は昼夕飯とも中止す。
5月10日　無事食事を欲せず。夕食を少し食したり。

5月11日　朝、六時半敦賀へ入港す具足屋へより、仲田と共に朝食を喫し藤原氏方へ一寸行き十時十五分発列車にて京都へ向ふ。（以下親戚訪問、略）

5月12日　午前、京都博覧会を見に往く、目的の筵類の出品見当らず、番人に聞合せたるも要領を得ず大津浦谷商会へ電話にて青豆の事を聞き合す。同氏にては余り〆も準備出来より本月十七、八日頃より荷造に取掛るとの事にて、神奈川へ行き不在中といえども五拾樽ずつ出荷する事と談話をなし電話を切る本日は小雨にて外出不適当の日なり夜十時五十分発列車にて吉田祖母同伴にて神奈川へ出発す。

5月13日〜15日　（親戚の病気見舞等、省略）

5月16日　午前東京へ行き、塩川、及正三下宿へ行く夕飯を神田にて正三と共にし、夜は一寸塩川へ行き正三の下宿に一泊す鄭都博覧会を見る。余り感心せず罐詰小田原隈部製造品を見る。

5月17日〜20日　（親戚訪問など。省略）

5月20日　午前、正三と神奈川へ来る、病院を訪ふ。正三は夜九時前帰宿す。

5月21日　今宵、吉田　安井　平田等へ出状す。藤原及浦谷商会へ出状す。藤原より浦谷へ壱百円送金せしむ。浦汐へ出状す。

5月22日〜31日　（親戚病気見舞い等、省略）

6月1日　浦谷へ藤原より送る七百円の受取電報くる青豆壱百ひつは昨日か今日積出せし筈なり。

6月2日、3日　（親戚との交流5日6日、日光へ観光旅行、略）

6月6日　（略）十二時十分発の列車にて前橋へ向ふ。途中宇都宮にて維木真田織を一見し土原某店にて其値段及機械等の事も聞くに、第一品質上露国向としては見込みなし七時十分に前橋に着き油屋に投宿す。余り良き宿屋にあらず。

6月7日　午前九時四十分発電車にて十一時半頃伊香保の木暮別館に投宿す途中電車は山に登る幾回かのS状の線路を走る其様西比利亜烏刺山の汽車も斯くやと思はる約弐千五百尺の高き土地に、此の霊泉あり山気清涼にして初夏の候とはいへ六十二度位の温気にて身体に適当な温度なり。（略）

6月8日　（伊香保観光、省略）

6月11日　朝、神奈川へ帰る。

6月13日　東京へ行き正三と遊びに行く。

6月15日　（略）京都へ向ふ。　小田原一色にて降車し、隈本鑵詰製造所を見る。

6月17日　浦谷商会へ往き同店場新築落成大に発展せり。

（略）

6月22日　早朝、硬質会社を訪問す。工場内一覧す。

缶詰時に「かまぼこ」を築くの必要ありと認む。

他に簡便法は無し。

（略）

6月29日　上野店員来訪す、壱斤半鑵はハメ込天地として五千組注文す。×より少し引ける筈なり。

（略）

7月5日　藤原より来信弐百円送附し。

7月6日　午前山口銀行へ行き、藤原よりの送金受取り帰る浦汐より入電。

メリヤス大形　手袋引合シラセ都合ニテ此処デ買入スル午後四時頃より大津浦谷へ行き序に、石山へ廻り夜八時半帰宿す。

7月7日　大阪へ行き北村峰造商店にてクリーム五函注文し、藤原宛荷為換附とすクロス１１円替、毎函弐グロース入来る十四日発鳳山丸に積込の予定浦汐へ左の通打電す。クリーム　１１円　送ル十日ニ朝鮮へ立ツ。大河内商店を訪ふ。昼飯を馳走になる中田彦三郎商店へ立寄り、手袋の値段を引合、三十、八半にて後仕上共百匁に付一、二〇廻はしと算出す午後九時半浦汐へ左の通打電す。手袋目方百目ニツキ　壱円弐拾銭。

7月8日　日曜。午前浦汐より入電。手袋　値　知ラセ朝羅沙見本を見る。　夜、吉田へ行く。

7月9日　夜、平田へ行く。　藤原より入電為　一〇〇〇円

7月10日　第一銀行にて壱千円受取る。正三東京より来る。夜、祖母、さと、子供二人来訪

7月11日～12日　（親戚訪問、略。12日午後九時下関より朝鮮へ向けて、桜丸に乗船）

7月13日　午前十時二十分釜山に着く。少し延着せり。十一時二十分頃発車。大邱へ午後一時過ぎ着く。唯家旅館へ入る。暑気随分甚し。林檎は祝印尚七月二十日頃ならでは出廻はらず。目下魁少しあれ共到底輸出に適せず黒川商店を訪ふ。主人不在中なりし。

7月14日　午前六時二十分京城に着く。旭館（本町二丁目）に宿泊す。青木氏を訪問し　午後より模範農場へ同道し行く。折悪く場長は地方出張中不在なりしも助手の河野氏に面会し状況を聞く。当地付近は八月十日頃にならずば祝出廻はらず。輸出に関しては全く不統一にて完全なる品を多数集むる事は当分困難と思はる。紅玉の時期にならば、一箱の目方数量等を左の如く一定し買入得る値段を通知せらるる様依頼し置く。一箱弐五個入　若くは石油箱入三〆入其数量（箱入の個数）、値段は京城停車場渡し或は元山渡し、右分類して通知の事　仁川の一駅京城側に中野駅と云ふ。殷此駅より約一里にして岩崎家の経営に関る林檎園あり。主任は森田某なりと。同園の品は紅玉及倭等も良品を産出するとの事、約弐丁歩の園ありと云ふ。併し河野氏の説により観察すると、到底青森には及ばず、産出時期も同様の如し。而して諸般の設備不完全なる為め、現今の　にては商業にならずと思はる、尚も数年

の経験を要す。

7月15日　午前青木氏来訪、動物園、植物園、パクダ公園等を見に行く。午後浦尾旅館に黒川円治氏を訪ひ面談す。祝は本月末か来月初めにあらずば　出廻らずと。本年は紅玉を少し試売に出荷する事に申居たり。大邱も目下組合出張中との事、許可ならば輸出品検査を行ふ事にする筈なりと　毎個紙にて包み、モミ殻にて積めとの外木屑なしとの事。一箱に現今のところは三メ目入なれども、将来は四メ五百匁に改良の積りなりとの事。自分は四メ弐百匁説を主張し置く。本夜西沢へ出京の報告と共にあす送金方依頼葉書を出す。浦汐へ左の通打電す。　シナナイ　月末ニデル　ミコミイカガ　アサヒ　カンカタ　ホリエ

7月16日　午前栶峴の東山農場へ行く。同場は岩崎家の計営にして主任者は森田と云ふ。質朴な人なりし。

祝は作附なし。紅玉は千箱位。本年は産出の見込みなりと。国光は尚多数なる見込み。本部と協議して置くとの事なりし。従来国外へは輸送し居らずとの事。荷造其他注意事項を述て帰城す。午後五時頃浦汐より　返電　マダ入荷ナイ　ナルベクハヤクツメ

午後浦尾旅館に黒川氏を訪ひ来る二十四日元山発平壌丸に多少出荷「祝印」事を協議す。早速大邱へ出状し幸に取入二十日出来る見込み、まず一弐屯精々出荷する事とし明日夜迄に何等か返電あるべし

それを待つ事として帰る。
京城南末倉町、商店黒田熊助と云ふ人と同宿にて黒川氏の室にて遇ふ。果実問屋及魚をも取扱ふ由昨年鰊の事を依頼し居たり。
7月17日　午前露国総領事館へ行き旅券の査証を依頼し帰る。十一時過ぎ鮮人小遣ひ持参したり　随分丁寧なり。
帰途景福宮を見る　昔王城の盛大なりし頃を偲ばる（略）　夜、黒川氏を訪ひ共に市中を散歩し帰る。
大邱より何等通知なし。
7月18日　午前黒川氏より呼びに来る。大邱よりの通知に依れば二十四日元山積として漸く五拾箱出荷し得るとの事、余り少数なれ共試験的として委託として荷受する事とし現今京城売値手取金弐円内外として最低手取金をとられたり、併し運賃其他経費不明の点多きを以て若し当店に於いて多額の損害をも受ける場合は弐円以下の手取りと相成るとも許され度しと申置きたり。自分の考えとして是を以て諸費の試検《ママ》を為し九月上旬紅玉を注文し輸入の目的なり必らず面白からん大邱は九月上旬には紅玉着色七八分ありとの事、是は紙包みにせらる結果なり而して害虫の恐なしと。大邱の産出。
　紅魁は　七月中旬　祝×は　七月末より八月上旬
　紅玉は　九月上旬黒川氏との打合せ左の通り

1. 電信にて値段問合せし時は三メ目入　荷造停車場渡の値段とす
1. 何日元山或は釜山積みと打電せし　かつ必らず其れに対し否の確答を返電する事
1. 送金は大邱朝鮮銀行支店手形を便利とす
1. 釜山或は元山迄の汽車賃は元拂として、汽船賃は着拂とする事
1. 日本内地に停車して打電する事あり其返電左の如く
横浜は　安井
京都は　平田
黒石は　岡崎
右打合せす
午後青木氏を訪問し帰途理髪をして帰宿す西沢より来電五〇〇円十九日に都合して送ると「電信為替」外に電信にても申来る。（略）
7月19日　本日は西沢より送金し来るべく外出せずして待居たり十二時頃入電　キョウツゴ　ツカヌアスアサオクル　又一日を損せり。明日出立し能はざるとなる。閉口せり西沢へ打電す（一時頃）　コマル　アスアサキットオクレ　ホリ
午後六時西沢へ打電す　アスソノチヘユキウケトル　ホリエ

7月20日　午前九時二十分発にて元山へ向ふ。　青木氏の見送りを受く。

午後四時二十分元山に着く。西沢源一氏及久子さんの出迎えを受けたり。久しぶり（約八、九年）にて面会し見迷へ居たり。西沢店に宿泊、御寮人、及長女浜子さんも大変に喜びを申されうれしく感じたり。皆々子供ら成人し驚けり。御寮人の身体は意外に自由を得られ二階上下其他何事も自分で成し得る迄になられしは意外にてうれしかりし。夜大久保氏来訪せらる。

7月21日　朝早く公園より小学校の横を通り大神宮の境内を一廻りして帰る。市中は樹木及山景にも富み一小市街として風致のある町なれ共、海岸阜頭の発達は誠に遅々たる如くに思はれたり。十二年前と進歩は僅少なる感を与へたり。此港の将来は余り價値なき様に思はる大久保氏を訪問す。岡野氏来訪。（略）

7月24日　午後九時平壌丸に乗込む大久保夫妻、及浜子さんの阜頭迄見送られ、西沢主人及久子さんは船迄見送られいろいろと世話になりし。海上平穏。

7月25日　午後一時城津へ着く。上陸せず港外より一見せる×にては上陸するほどのところもなしと思ひたり。

此地にて黒鉛の産出あり。当地一屯七百円なりと。鐘江傳三郎船へ来訪せり、黒鉛の事にて来津せるなりと。

午後九時出港。

7月26日　午前六時清津へ着く。榎本氏船迄来る。同氏共々上陸し市中見物し停車場迄で行く。三戸氏に面会す。午後四時出港浦汐へ向ふ。

7月27日　午前七時着浦。

本日為替三・一〇との事。正三は二十三日入港の鳳山にて来着し居たり。

堀江直造の日記　1917年

大正六年八月一五日露国輸入禁止及び為替禁止に対し、其解除運動のため上京委員として東上す。

8月15日　午後一時鳳山丸にて大幸氏及び哈府竹内一次氏と僕の三人乗船す。国外出入り禁止中なれど特に許可を得たるものなり。

8月16日　海上頗る平穏。

8月17日　午前五時着敦。熊谷ホテルに投ず。同十時二十分発列車にて京都へ、大幸氏は神戸へ行く。

(竹内氏東上す) 敦賀に於いて吉田商業会議所書記に面会し、過日の大会の模様を略ぼ聞取る。宿へ敦賀警察署巡査辻氏来訪。東上の要件を聞取り帰る。

8月18日　午前十時大幸氏と共に大阪日露貿易協会を訪問す。（尤も昨日打電其旨を通知し置けり。）同所にて増田、三半商会、太田、西沢の諸氏（役員連中）に面会し、増田氏より同氏上京の模様報告ありしを以て、幸いに同時聞取りを得たり。折しも浦汐のマツエフ（マトゥヴェーエフに同じ）氏来訪ありしを以て、幸い面会したり。昼飯を大阪ホテルに於いて協会より馳走になり帰る。同夜急行にて東上の事とす。（杉原、大河内、を訪い、小池に面会し、伊藤へ電話す）神戸より大幸名義を以て今夜東京へ行くと浦汐へ打電す。

8月19日　午前九時着京。停車場ホテルの第五十三号室に宿泊す。

1．吉田技師十八日鳳山丸にて浦汐へ行きしにつき、其他の事情詳細に述べられしと打電す。

1．安槙氏同×面会す。

1．横浜綿野氏及び東京篠田氏、金田氏に面会す。

右三氏と昼飯及び夕飯を倶にし、明日よりの運動の打合わせを為す。

対露貿易解禁期成同盟会なるものを組織し、委員長に綿野氏を推す承諾を受けたり。金田氏を理事とす。

8月20日　午前第一に会計検査院に田尻博士を訪問し意見を聞く。此事の起りは開戦の時より予想さる事にして、自分は種々なる方法を以て世に注意を喚起せるも、一向に其言を聞く者なし。今にして此問題起る既に遅しと云われたり。故に徒に政府に依存せずして、中間に機関銀行の如き者を造りて少々は危険にてもやるべしとの事。適切なる意見なるべきも一寸急の間に合わず。今後政府当局者に向いて刻下の応急策に対して御声援を乞い帰る。日露協会に目賀田男爵を訪いしに、使節を派するにしても要するに、金を貸す決心を要す、何とか良法を講ぜねばならぬが、自分は表面運動に起っては不利なるを以て暗に充分の助力すべしとの事なりし。

前田正名氏は久しく露西亜の事を研究し居らるる様に聞き、当露都より帰りたるも数日前にして種々奔走せらるるとの事につき、意見を聞くため訪問す。此度露国の事は国家のため今時が尤も必要見のがす事の出来ぬ大切な時世、自分も国家将来のために地方の有力者を訪い、対露の問題は日本人民七千万人の声なりとして大いに覚醒させる積りなれば充分にやられ度云し、誠に御尤もなれども現時の実際的には少々マドロカシと思ふたり。本日同道者、大幸、安楨、原商会の伊藤氏、鈴木商店山崎氏及び自分。

8月21日　午前大蔵大臣を官舎に訪い意見を聞き、願意を充分述ぶ。大蔵大臣の要領は充分の交渉を外務の方で致し居る筈なるも、結局金を貸すより良法なし。而して内地有力の資本家は、露国に向いて出資を望まず、如何とも致し方なし。政府にては第二回の七千万円も政府の負担になり居る次第にて只此際は国民の出資より外道なし。就いて諸君等に於いて国民に訴え、出資する様に勉られたし云々。併し現今は出来得る丈の最善法を尽くし居れりとの事。外務省に中村通産局長を訪う。為替哈爾賓浦汐間許可せりとの事入電せりと。根本の解決は金を貸すより方法はなし。其の方法等に就いては当然農商務の仕事なれば同省へ向いて交渉すべし。当省は其省の請求に依て露国へ如何なる交渉もする考えなり云し。鈴木陽之助氏に遇いたるに、同氏の説として、此為替禁止は十月に開かるべき憲法議会を終らば解禁さるべきものと思ふ。如何となれば、現今は社会党の者等は財産分配説等を持出し富豪者は危険を感じ皆外国へ送金し終らんとする形跡あるを恐れたるに依る。憲法を制定し法律決定せず其憂もなくなるべければ、必ず解禁さるべしと。午後四時半陸軍大臣を官邸に訪ふ。要するに充分の尽力し大蔵大臣に面会せずば申置くべしとの事。其外欧州戦況及び見込み等を種々話され午後六時帰る。実に親切に話されたり。

8月22日　午前八時内務大臣後藤男爵を官邸に訪問す。丁度外出される時にて明日を約して帰る。午前十一時より前田正名先生を其邸に訪う。尤も昨日より呼寄られ居たるためにして昼飯をも出すとの事なりし、如何なる工合なりしか、吾等は先生のお気に入りし者と見ゆ。是露国に就いて研究を怠られざる証なりと思う。大臣訪問の様子及び大臣に聞き取るべき要点等を示され訓示されたり。而して御自分の若き壮年の時の労談及び懐旧談もありたり。午後一時帰る。飯は薩摩汁に煮肴、別に菓子をも出され恐縮の至りなりし。午後二時中小路農商務大臣を其官舎に訪ふ。先ず現今品物を先方へ渡し済となり代金受取るべき金高何程ありやと問わる。浦汐率にて四百万円、哈爾賓弐百万円　其他四百万合計壱千万円ならんかと答ふ。

大臣曰くハルピン及びモスコウ―浦汐を経由して行きたる品なればダブリテハ居らぬかと云れたり。決して然らず是等は皆直接送附せる品なりと言ふ。組合員だけは何とか決済出来ても将来の売込に對する為替資金の方法を講せられ度と申込む。大臣それは第二なりと云はれ、第一の分は何とか方法胸算にあるらしく推察す。尚将来さだめし困難来るべし。今後は世界的に商売する事故本邦商人は一団となりて外に当るべく結束の必要ありと云はれたり。今回の事は充分に力を尽すべし、自分も此事は大いに配慮し昨日も内閣にて種々協議せる次第なりと云はる。政友会を訪問陳情す。東京商工会議所会頭藤山雷太氏に一寸面会せり、明日訪問の筈。夜、下谷二長町に何藤喜志氏を訪ひ印刷に要する件を述べ、一切の取調べ予算等を示され度しと依頼し帰る。来る二十四日午後同分工場へ行き専門家より説明を受る筈。

8月23日　午前八時内務大臣を官舎に訪ひ意見を聞く。今少し具体的にせざれば漠然としたる請願は何もならずと注意されたり。少し冷淡なりし。藤山雷太氏を商業会議所に訪問したるに是を商業会議所聯合会の事業とするには今少し根底を深くし他の五大商業会議所より提案する様にしてもらへば、自分の方では充分尽力すべしとの事なりし。

日露協会に目賀田男を訪ひたれども不在中なりしに付、浦潮日報の揮毫を小柳主事に男爵にて依頼されたしとて頼み帰る外務大臣を官舎に訪ひ陳情請願す。大臣も此事については政府に於いても充分の談判を成し居る次第にて何とか解決する積りなれ共何分先方が回答もせざる様な混乱中にあるを以て満足なる事を今は申難し　要するに貸金をするに外策なしと思ふも其方法及び大蔵省の方針に待たねばならぬ次第にて昨日も内閣にて協議に上り居たるなり。充分尽力すべしとの事なりし。

8月24日　朝、伊藤喜蔵氏に依頼せし下刷機の事に付いて築地活版製造所の木戸金朔氏来訪日報の計画に付いて其用品の予算見積書を作る事を依頼す。午前九時半外務省に鈴木陽之助氏を訪ひ、浦汐の入電により其現状を述べ哈爾賓、露国人は送金し得るも外国人は送金を許さず、是は平等に受べき権利を無視したる仕方なるに付露国人同様送金し得る様に談判ありたしと述べ当大使館よりの来電の控を一覧し大に議論盛になりしも結局、電信に不明の字もあり目下問合中に付返電を待て、右の如きも充分に交渉する様に貴下等の申出も大臣に伝ふべしと、何だか充分の要領を得ずして帰る。

午後十二時横浜正金銀行へ行くべく、第一に同地商業会議所へ往き続てオリエンタルホテルにて同地の有志に洋食の馳走に預り共に正金銀行に井上氏に面会す。同氏曰く此為替禁止の入電あると直ぐに其解除に付て数通の電信を以て充分の交渉を為したれ共何等の効なし。如何とも仕方なし但し目下の急策としては大胆に露国の公債や大蔵証券なりを採りて置き若し期限に（短期の品）至りて支拂い出来ざる時は政府に充分の尽力を請ふれば何とかなるべしと、自分一己の見込なりと而して其証券は円にて露政府に短期発行せしめるの必要あるべしと。夜、梅田繁氏の招待にて赤坂ひさごやへ行き一時半帰る。

8月25日　本日は憲政会及国民黨を訪ひ陳情す。農商務省に商工局長を大蔵省に一来次官を訪ふ。（大蔵省へ自分は往かず）自分は農商務の方へ行き二手に別れ訪問す。横浜に第二回對露貿易大会を九月五日に開催する事とし第一段落を付く。浦汐へ詳細の要点を打電す。自分は夜八時神奈川へ行き一泊す。

8月26日　野村基信氏を其邸に訪問すれども旅行不在中。塩川へ行き夕飯をよばれ帰宿す。大邱黒川より返電、ライ月初メニ出キル事ダン一五〇ミコミ

8月27日　午前築地活版所へ行き一切の器具、活字、機械等を注文す。同国民黨事務所へ行き幹事前川氏及其他二名で遇ひ大に述る所あり。外務省、通商局長に面会し当廣田課長に遇ひ、哈爾賓へ向ける為替の事に付て実情を陳述したり。同課長の説にて朝鮮銀行浦汐支店に於て預金を為し哈爾賓へ或は大邱の如き支拂地に於て借用証として借入を許し置く形式を以て表面を作り送金し得る方法を講じては如何との事なりしも、是も到底相いれぬ相談なりとて朝鮮銀行の目下の方針を述べ置きたり。要す

るに何とか対さねばならぬとの事にて具体的の要領は得られず帰る。日露協会に目賀田男爵を訪ひしも不在中にて小柳氏に面会し後事を依頼し帰る。本日限り東京表を引揚げ大幸氏は午後7時急行にて神戸へ、自分は横浜へ向ふ。

8月28日〜30日　（親戚訪問、略）

8月31日　降雨。大幸氏より来信によれば輸入禁止は昨三〇日よりいよいよ実施発表の由、而して除外令は何等実行の模様なしとの事。夜、浦汐へ打電す。

ユニウキンシ　ジョガイレイアルカ　リンゴ　ユニウヨイカ　シラベヘン

右打電の前に昨日着電に対し返電す。近日法令集にのる。

9月2日　浦汐より入電十四　ヨリ実施ノ筈除外令来ズ　直グ知ラス様大使、電請シタ　来ル迄マテスグシラス

9月3日　東京へ行き外務省に坪氏及鈴木氏を訪問す。

除外令の事未だ何等返電なしと。

9月4日　（親戚の者との私的行動、略）

9月5日　横浜に對露貿易業者の第二回大会を開催。大幸氏神戸より来り自分も出席す。種々協議終りて××氏の浦汐の近況に付講演あり、午後六時よりグランドホテルにて晩餐会あり列席す。横浜商

業会議所会頭大谷××丘瀬氏及鈴木外務省書記官神奈川縣内務部長等列席、盛大なる宴会なりし。本日浦汐より来電。

船荷証十三日附まで輸入許可す。手配頼む右の義は前より判明せる次第なるに懇に電報せるは如何なる訳なりや了解に苦む或は除外令廃止となり只単に法令集に記載の日より弐週間の猶予期定だけあるのことの意か或は十三日迄は猶予期日間と云ふ事を知らぬと思ひ通知し来りたるや。

9月6日　午前東京へ往き大幸氏をステーションホテルに訪ふ。日報の注文活字一式を築地へ注文することとし器械一式を大阪光延氏へ注文する事とす。右に決定す。築地へは電話にて話し決定す。今月中に同店見積書の活字一式を出荷する事とす、同店木戸氏は大阪へ出張にて不在のため次席の人と面談す。午後二時過神奈川へ帰る。明日青森地方行と決心し浦汐、京都、大阪杉原等へ電信及書状にて通知す。

9月7日　午後四時東京へ出て六時半の列車にて黒石へ向ふ。

9月8日　午後七時二十分黒石着く。向井、旭の両氏既に来着せり。

中成子二十五ヶ入　　二、三〇　二、二〇

紅玉　　　　　　　　二、二〇

浦汐玉換　　三、五〇

浦汐　中成子相場　九、五〇　の入電

9月9日　午前午後二回金へ行き紅玉を見る。小粒なれども当節物としては中の部也。旭を見る色合よし。左の値段にて約束す。

旭　二円二銭

紅玉　一円七〇銭

玉かん　二円一八銭

右取合壱貨車宮地へ行き玉かん及紅玉を見る、中等に属す今回は別に注文せず。

9月10日　西谷へ行き午後二時頃迄居る。昼飯をよばれ囲碁三番ばかり習ひ帰る。本日総計三百弐十個出荷済。

9月11日　午前七時五十分にて青森へ行く。交通丸は本夜か或は明朝入港、同日中に出港との事総積数弐千個の内にて当店の品参百弐個を打電し尚右の通知す。

総計弐千内三百弐十積ンダ金送レルカ返マツ　換算四百ナラバアトヤメル書状は藤林へ托し午後二時二十分にて帰る。

9月12日　降雨。終日在宿す。浦汐へ出状、恙なく出す。

9月13日　降雨。終日在宿す。昨夜浦汐より来電、左の通り。　リンゴヤメ　イサイフミ　カワセワ

ルイ

9月14日　終日在宿す。黒石、弘前地方は岩城山登りとて町村の若人は、白紙の細き御幣を長き木埠の先きに結び新衣を着し何か大聾に音頭を取りて五或は十人列をなし早朝より登山す太鼓を打て之を送りナカナカ賑しき事なり。本日向井氏、夜入電せる処にては禁輪入実施されたりと。

9月15日　本日松元氏来宿、同店の入電も禁輪の実施を報告し来たりと。

9月16日　午前尾上、西谷行き金を渡す。午後四時過迄囲碁を習ふ。

9月17日　終日在宿、午後御幸公園に遊ぶ。

9月18日　浦汐より入電、税関へ通知ナシ　上中カラメテ　一〇五〇　税金ナシ×ケタ　右に依れば丁度原価にして漸く箱十五銭の利なり。

9月19日　当地出立と決心す。

堀江直造の日記　１９１８年

1月1日　相変らず例年通り回礼す。別に変った事もなし。

1月2日　売初めとして正午迄開店営業す。午後四時頃より謡初めに行く。僕と二人。

1月3日　営業午前中。終日在宅す。

1月4日　午後二時より民会常議員会へ出席す。課金問題の議事あり。自衛部長末兼氏より或る報告あり。今後居留民の自衛上、万一の時を慮り、其手筈を一般的に秘密条件にて周知せしむる必要を認め、来る七日、議員会（総会）を開く事に決す。交通丸、今朝入港す。新年早々哈爾賓長春方面露貨相場入電なし。当地出円相場現金、日本貨八、三五、百留札百十八留より十九留、旧札百〇七留

1月5日　土曜日、午後二時休業。一時より居留民会常議員会、出席す。課金問題にて料理部及び曙会の交渉に一日出張す。午後六時半より松田銀行の招待にて常盤亭へ行く。木原氏、哈爾賓へ転任及安達氏就任の披露なり。午後十時十分帰宅す。

1月6日　午後六時より大幸氏新年宴会に常盤に招かる。午後二時より曙会及児玉、課金の交渉に行く。

1月7日　果物店組合の新年宴会を常盤亭に開き出席す。

1月8日　棚卸の帳簿調べにかかる。午後六時半より三井物産の新年宴会に常盤亭に招待さる。新趣向の勧進能ありて甚面白かりし。

1月9日　午後六時半より商船会社の新年宴会にて常盤亭へ招待さる。出席す。

1月10日　月見会にて木原氏の送別会を金時亭に於いてなす。出席す。

1月11日　自分四十八回の誕生日にて内祝宴を開き、西村、徳田を招く。自衛部へ千留寄附す。

1月12日　帝国軍艦石見、入港す。

1月13日　本日午前十時、交通丸敦賀へ向け出港す。本日は露国の晦日に当たる。而して日曜なり。休業す。午後十二時頃、北方に当りて銃声聞ゆ。約一時間なり。自衛部へ電話にて報告す。約一時間を経て同部より報告ありて、格別のことはこれ無きに付き安心あれとの事なるも其詳細は判明せざるものの如し。当店は店員一同を呼起し皆着服す。妹尾商店へも電話にて報告したり。先づ格別の事無くして幸いなりしも一寸気抜けせし感あり。一時皆就寝す。男子、除夜の悪魔払いの式ありしが、時節柄不注意の事なりし。

1月14日　英国軍艦入港す（一）。本日は露国正月元日に当るといえども淋しかりし。

1月15日　商工会新年宴会、常盤に開き出席す。棚卸決算済む。

1月16日　久原商店の新年宴会にて常盤亭へ行く。非常に盛会なりし。

1月18日　軍艦「朝日」入港す。夜、茶話会を開き昨年度の賞与金を店員、缶詰部員及料理人にまで与え、将来に対しての訓示をなす。

1月19日　商工会へ午前十時に行き協平及木下の紛争の取調を継続す。午後二時より居留民会総会へ出席す。議員総会に於いて選挙の結果、副会頭に選挙さる。堅く辞したるも衆議許さず、遂に承諾す。

1月20日　午後一時より松風会新年春季大会を常盤亭に開く、出席、自分は「鉢の木」のワキを勤む。而して後に「猩々」の仕舞を舞ひたり。午後四時より領事館へ加藤司令官及総領事の催しに関る「アトホーム」に列席す。午後七時過ぎ帰途、常盤に行き松風会の宴席に列す。妻も一時過ぎより観能否観謡の為に倉成夫人と共に来り居たる為午後十時頃共に帰宅す。

1月21日　チュウリン商会へ買物に行く。午後四時半頃より民会の慰労会兼新年会の為に常盤亭へ行き八時半頃帰宅す。

1月22日　鳳山丸入港す。船長来訪。

1月23日　鳳山出港す。書状日本行北垣内の恩田氏に托す。午後二時より日報社の決算に付き、役員会を小林商店に開き、明日総会を常盤亭に開く事を定む。同店にて夕食をよばれて帰る。

1月24日　午後五時より日報社の総会を常盤に開く。酒宴に移り十時帰宅す。

1月25日　午後三時より商工会役員会に出席す。露大使手形の件に付き連合会本部よりの通知に関し協議せり。秘密に聞くところによれば、レーニン政府は当税関長宛打電して曰く「貿易財務官設立せらるるまで当分全露国の輸出入を禁ず」と。右に関し税関長も不同意を称え居るを以て　目下考慮中なり。如何に結末を付ける哉注目を要する事なり。

1月26日　午後二時半より　居留民会役員会へ出席す。本日義勇出港、日本行信書、倶楽部の竹内氏に托したり。
1月28日　鳳山丸午後入港。藤居、大河内二氏来店。商工会事務所にて協平洋行対堀商店との紛争に付き裁断す。
1月30日　鳳山丸出港す。杉原、平田、丹州時報、藤原、小池祥一、塩川、吉出等、書状出す。石原商店の客人某に託す。午後六時より三菱会社の出張所より招待せられ、常盤亭に行く。十時帰宅す。
1月31日　本日、大幸氏両三日中に哈爾賓を経て帰国の由にて、民会頭の事務引継ぎを受く。
2月1日　本日より軍艦より水兵、市中見物に上陸する事となり、一日参百弐拾名が午前午後の二回に分れ上陸。民会としては徳永湯屋をして入浴場とし、親友会の事務所を借受け、茶菓の接待を為す事とし、民会役員及各部の委員は順番をもって三名づつ出席、其接待を為す事とす。
2月2日　本日義勇出港。左の書状を発送す。（略）
檜山氏来訪。午後三時接待事務所を訪問す。
2月5日　檜山氏来訪あり。種々時局の話を聞く。
2月6日　鳳山丸出港す。本日午後五時より外国人の居住者の会合をコーキンに於いて為す。新聞広告ありたる故に日本人も参加すべきや否やに付き領事の意見を聞き、個人として参加するは適宜の重宝なるべしとの事にて小西増太郎氏、八坂、鍋島の三氏参加さる。其心得として注意点あり（或る筋の人）之を話す為に商工会の事務所に集合したり。其要点は種々の枝葉の事を研究するよりは其原因の食料物資欠乏より来る現状なるを以て之を豊富に安価に供給する方法を講ずを第一の必要と認むと云うに帰着す（之は時期あらば一言述る事を是とす）今日の会合は如何なる人の発起にて如何なる種類の人の会合なる哉も不明なるを以て第一決議事項出し時は無論それに加わらざる事を忘れざる事。毎夜の強盗にて大分世上の注意を曳きたりと認めらる。

2月7日　昨日の外国人大会に於いて前記の趣旨を演説する機会を失い、却て不利の地に立る観あるを以て今日伊藤氏と共に小西氏を訪い、左の意志を表すべく、外国人会の主宰者の如き人へ書状を以て申込み置けり。尤も当方の記名者は個人としての前会議出席日本人の総代鍋島とせり。詳細の文面は商工会に保存せり。要点、昨日の会議に出席せる日本人は如何なる人の開催せる会議なるやを知らず、新聞紙広告に発起人の記名これ無き為に只傍聴に出行きしのみ。決して日本人の委員にあらず、もし其他重要の権威ある会合を為すならば改めて日を期し、各国人の委員を設けて議する事を至当と思ふ。もし然る場合は我人を選出し、生命財産の安全を期する方法について意見を述べる事に賛成すべし。主意なりし。右の書状、スウエッランスカヤ五番の第弐拾番の部屋に提出せしむ。

2月8日　本日は長春　露貨相場六九〇と聞く。当地振替七〇〇、日貨現物七五〇。

2月9日　義勇午後二時出港。杉原、宮崎、西沢、三戸、出状す。水仙洋行仙石氏に択す。午後二時

半より民会常議員会へ出席、小学校教場問題を議す。本日は決せず来る十三日午後二時に再会議の事とす。

2月11日　紀元節、午前九時より領事館へ拝賀に往き小学校へ十時より式に参列す。午後二時より軍艦「朝日」に加藤司令長官（第五戦隊）より招待を受け在留民の主なる人六十名余参列す。帰途、小林商店へ立寄り謡曲にて午後十時過ぎ帰宅す。鳳山丸入港し、正三、塩川、野田お福さんより来信。正三は病気にて十日間ばかり休校せりとの通知あり。驚けり。併し最早全快、登校せる由申越し安堵せり。正三の病気通知にて慄然と寒さを覚えたり。

2月12日　第五戦隊司令官に昨日の御礼に行けるも御不在中にて面会し得ず帰る（尤も名刺を残し置きたり。末兼氏と同道す。）

2月13日　午後一時前鳳山丸出港す。大河内氏帰国す。吉出、藤原、硬質陶器、杉原、正三、平田　出状す。午後二時民会役員会へ出席す。同六時過ぎ帰宅す。

2月14日　（本日より露暦を廃し太陽暦を用うる事となれり。結局露暦に於いて十三日　消滅せるわけなり。）

末兼氏と松田銀行へ行き定期預金を為す。民会の基本金を。午前領事を訪問し外人発起の財産生命保護の会に関する意見を聞き取り帰る。明日、民会役員会開催の事に定む。海軍水兵上陸は皆済したるを接待を廃す。三井松田君よりゴーロスプリモーリヤの株式の事に付て申込みありたるを以て鍋嶋氏を呼寄せ其内容等及其条件に付て聞合せを依頼す。其報告に依りては幹事会を開き協議する積りなり。

2月15日　午前商工会へ伊藤、倉成、鍋嶋と四人会合して新聞社の事を協議し、領事の意見を聞くべく総領事館へ行く。午後二時民会常議員会に出席す。外人会議の件、水兵接待精算の件、普通議員会日曜午後二時に開催の件、教員一名増雇の件。

2月16日　午前八時　倉成、伊藤氏と共に下田滋氏を訪問し、外国人の会に入会方を依頼承諾を得たり。十時に林圭三氏と下田氏は同会場へ出席す。総領事館に新聞社の内容を山口副領事より聞きとる。午後二時太田良三郎松田徳三郎氏来訪。露貨を担保として低利の金を我が政府より借入れの運動しては如何かとの意見なりしも到底見込みなからんとて愚見を述べ置けり。午後四時前より倶楽部へ謡曲に行く。間もなく伊藤氏より電話ありて、新聞社の無限責任者を入るる事ともならば、和泉氏を頼むを適当と思うに付き、一応同氏の意見を聞き、続いて依頼し来たらんとの事なり。依て同氏及八坂氏とも三人同道、和泉氏を訪い承諾を得て帰る。夜は在宅す。午後二時義勇出港す。塩川（略）出状す。北神洋行の店員に択す。

2月17日　午後二時民会臨時総会に出席す。

2月18日　午後5時より民会、第五戦隊より寄贈ありし酒を以って宴会を催し、常盤亭へ出席す。野田精一郎氏より来信ありたり。

2月19日　水兵上陸の休息所を本願寺へ依頼し、承諾を得たり。本日は露国祭日にて、各店休業す。

2月20日　正午鳳山丸出港。左の書状を管村氏に託す。神戸吉田、安井四、野田、杉原、食品会社、化学豆油、藤原鉄、鈴木。午後領事よりの電話にて、同館へ行く。鉄道満州産品のことに付き、諮問ありたり。田中理事および倉成氏来訪。

2月21日　午後小西増太郎氏来訪。砂糖日本より輸入に関する給養委員の意向について、話せり。日本人のために一定の制限をもって輸入の後に、与からんとの事。脇氏より、露国は一日独逸と交戦の結果敗戦し、無条件にて降服せりと。また或る人の説には、ペトログラードとモスクワの間を独逸軍に突破されたりと。市街四辻において、近所不穏の談話を集合してなしおるを見聞す。なんとなく形勢穏やかならず。

2月22日（金）　午前、上野、藤原氏および松浪商会店員来訪。午後一時半、鍋島氏来訪。佐藤昌氏の言。モスコースキー・アルチェーリを労兵会に引き渡す事に相成りし由にて、各店の税関係は是にたいし抗議書を提出することとなり、記名せりと。同説によれば、当税関長も近々のうちに来る。水曜日ともいう、解職せらると。その他五名の税関吏は免職せらるる筈なりと。萬国銀行は昨日より、西比利亜銀行は一昨日より閉店せり。これ、帝国銀行の労兵会出張委員より、同行へ支払い方を停止せるを以って営業し能わざるためなり。

午後三時半、小林商店へ行く。坂崎氏の事に付き協議す。午後八時半、領事館山口副領事より電話あり、ゴーロスプリモーリヤの株主総会決議に付き左の通知に接す。

一　日本人一名無限責任株主に加入を許す事

一　日本総持ち株は六萬留を超過せざる事

鍋島氏より、外国人市民会の定款を送らる。ならびに領事館にて邦文に訳されおるに付き、その本文を得て写しを申し受ける事とし、其の上にて商工会の役員会を開く事にす。

2月23日（土）　午後二時半、商工会役員会を開く。

一　ゴーロスプリモーリヤの株金募集は、浦潮日報社株主主宰となり、知己朋友に勧誘する事とす。而してその人選等もほぼ決定す。

一　外人市民会へ入会する儀は、商工会としては各個人に勧誘する旨の返書を同会へ宛て発送し置く事にとどむ。

一　砂糖一ヶ月何程と限定して、在浦日本人使用するに付き輸入を許可されたしとして、其の権利を得置く事に決す。

一、小学校基本金寄附の残金を至急に取集める事。本日義勇出港す。

商工会の名義を以って、左の書状を託送す。(略)
2月24日　午前日本画研究会へ出席す。午後四時、東洋学校に於いて露日協会創立会あり。委員を選定し、日本人側にては左の六人とす。大幸、小西、中村謙、林圭、松田(三井)、和泉この協会は露都の露日協会とは連絡はとらず、独立の会となせり。内田大使は露都危険地域と認め引き揚げに着手せりとの入電あり。其筋確かな人に聞く。当地某商店へは、其支店ハバロフカに在る者に引き揚げを命ずる入電ありたりとも聞く。
2月25日　午後二時より商工会事務所へ露新聞社の件にて集合し、有志の人と認むる人十名に詳細を話し、賛成を請へり。本日鳳山丸入港、敦賀吉出氏来浦。(略)
2月26日　午後二時民会へ行く。鍋島氏に電話して居留日本人一般の為に砂糖毎月三百布嚢づつ輸入方の許可を給養本部へ出頭する事を打ち合せたり。昨日、商工会事務所へ集合せし有志者の割当て出資は左の通りとす。概定　壱株　二五〇留　三井二〇、久原二〇、鈴木二〇、大倉一五、原一五、商船一〇、協信一〇、小寺一〇、湯浅一〇、八坂一〇、光武五、以上一四五
他に、小林、妹尾、中村謙、堀江、倉成、和泉。
2月27日　小学校長来訪。
2月28日　高平氏へ辞令を校長に渡す。藤居、哈爾賓より帰る。

3月1日　商業会議所員二名来訪。本日午後三時、商業学校に於いて当地在住の商業家の集合あり。商工会よりも出席されたしとのことづてにて五、六名の人を選び出席をされたり。午後七時過ぎ解散せり。議事は当地のアルチェーリと労兵会の問題にして、随分議論盛んなりしと。拘禁せるアルチェーリを二日以内に解禁せざれば、一時各商店は閉店休業すと言う事に決議されたり。実に痛快を覚ゆ。本日為替　長春六二〇の報あり。

3月2日　午前民会事務所へ行く。午後商工会事務所へ行く。日報社へ行く。上野氏、倉成氏、工藤氏、西村氏来訪。小林商店へ夜行く。為替　長春六〇二、哈爾賓六六〇義勇出帆。書状託す（略）

3月3日　鍋島氏来訪。午後一時より松風会月並会を常盤にて催し出席す。坂崎氏の送別を兼ねたり。自分は阿漕のシテを謡う。

3月4日　午前11時鳳山丸入港す。午後2時より民会役員会へ出席す。同5時より商工会役員会へ出席す。同5時40分、民会役員と共に総領事を訪問し、時事に関し協議す。内藤少佐も列席。下田氏と会見、報告を聞く。

3月5日　午後3時半より商工会臨時総会を小学校に開き左件を議す。1．浦潮商工業者大会（3月1日）の決議に賛成し、同会より其筋（市役所及自治会に提出せる要件を満足なる回答を得ざる時は同盟休業する事。但しこれは只今号外に既に記載され明日より実行する旨の広告あり。これに就き如何すべきやに対し議論百出した末、遂に満場一致を以て同盟休業する事に可決す。1．今回　当地に組織されたる露日協会に全会員加入する事、満場一致可決。1．商業部の査定委員3名増員の事、議長の指名に決す。松田徳三郎氏、林圭三氏、中村謙吉氏の3名を指名す。午後5時過ぎ小学校に於いて民会議員会を開く。明日より実行さるる各商店の同盟休業は決して国交上に何等関係あるではなく、労兵会より商業者に不便不利の措置をなすこと多きに依り、これらを除去せんの主義に依り実行するものなるを以て、各部の人は軽率に動揺せざるよう注意ありたしとの事を訓示的に注意を与う。なお散髪職、其他金銀細工、大工職等の如きも同様休業を望むも、これは民会の決議にはせざるを以て、各自の意思に任すと申し達す。夜9時リーグの委員1名来訪し、左の件を依頼す。市中の治安保護の為に、日本の自衛団より今夜より2、3名の派出を願いたし云々。是に対し自衛団の目的を説明して断絶す。曰く、自分の方では日本人を数名、月給220留にて雇入れたし、周旋されたし、との事なりしを以て「それでは出来得る丈其労を採るべし」と答う。なおピストルの準備自衛団にあらば借入れたしとの事なりしも、之は無しとて断り置く。曰く、若し一部に「ドラッサ」の起りし時は吾人は如何にすべきやとの事なりしを以て左の如く答えたり。

自分は、万一左様な事起りしには事重大なるに付き

貴下の言われる日本自衛団に連絡等についても外国領事団へ申し出られたく、さすれば右ドラッサ

の起りし場合の処置にも大いに便利を得る事と思うと注意せしに、同人は其意を諒し、明朝然らば領事団へ申し出るべしとの事を明言して帰れり。直ぐ、総領事に面会を求めて、右の始末を報告し置けり。10時過ぎ帰宅す。

3月6日　正午鳳山丸出帆す。書状託す。（略）

午後1時より商工会事務所に役員集会をなす。小西氏昨夜の商工者大会委員会模様を報告ありたり。今夜は労兵会の者チュウリン及アルベルス商会へ来りて店の鍵を要求せりと。是を渡さずとて一場紛擾を起こせし為に何等議事を進むる事なく散解せり。今朝聞く処によれば、昨夜11時より今朝の8時までの間に商業会議所会頭其他3名、チンメルマン、シンケウイチ、スケデルスキー、ラビヨウッチ氏を拘禁せり。午後5時過ぎ、小西氏の報告に依れば、右の4名を本夜ハバロフスクへ護送するとの事にて是を取り戻すべく或る手段を講ぜんとて、ピストルの借用に預りたしとて、小西氏を以て申込みありたれども是も不可能な事として立ち消えとなれり（借入は商業会議所よりの依頼なし）役員会に高松氏臨席されたり。本日は別に決議事項無く散解す。（高松海軍少佐）総領事館に行き、右小西氏の報告を参考に上申し置く。折柄加藤指令官、内藤少佐等来られ、種々時局の情勢を聞く。今夕10時頃よりは市中危険の兆しあり、注意を要すとの風説あり。午後6時前　浦潮日報社に和泉氏を訪問す。

3月7日　昨夜何等危険なる事なく済めり。今朝聞くところに依れば、商業会議所の4名は昨夜9時解放されたりと。是にて危険を脱せしこと判明せり。午前10時小西氏、鍋島氏と共に（3名）商業会議所に臨時会長を訪問し、会長以下3名の無事帰れることを祝して帰る。先方は今後も尽力を頼むとの挨拶ありたり。午後3時より商業学校に開催さるる商工業者大会へ列席す。列席者約5、6百名にして非常なる盛会なりし。拘禁の詳細と労兵会側の方との交渉の模様を報告せるにて3名の、過激派の不都合を攻めたる演説ありたり。

3月8日　午後2時より商工会事務所へ集まる。労兵会へ直接要求の件を協議す。夜、佐藤（森商店）氏来訪。鈴木商店の汽船紛争（大豆積入れに関し）詳報を聞く。

3月9日　午前三井洋行より返事。ゴーロスプリモーリヤの株の20株の承諾の旨、本社より入電ありたりと。午後2時より商工会事務所へ行く。鈴木商店大豆積込みの件を協議し、東清鉄道へ交渉する事に決す。

3月10日　午前10時半藤居《ママ》哈爾賓へ行く。午前、中島少将を森旅館へ訪問す。午前、東清鉄道へ交渉書状を持参せしむ。（商工会）午後3時より総領事館において自衛団春季大会を催す。加藤海軍第五艦隊司令官及中島陸軍少将其他海軍将士も列席されたり。第一に自分、挨拶を述べ続いて中島少佐及加藤指令官の講演あり。最後に簡略なる酒宴に移りて散開す。当日は陸軍奉天戦の記念日なるを以て、近来になき盛会。270～280名集まりしと思われる。加藤指令官の講演は、厳粛なる訓示的の講演にして、実に国民の肝銘置くべき立派なるものなりし。是等は実に天地に恥ざる理想と確信とを述べられたるものにして、吾人の記して以て守りとすべき言なりと思考す。帰途、自衛団幹部員及民会常議員は常盤に立寄り一盃を催し、9時頃帰宅す。本日小西氏より昨日市会にて労兵会のアルチェーリ拘禁は不法なるを之を解禁すべき事。次に商店の同盟閉鎖も不穏の処置なるを以て是も開店すべき事と決議せり等聞く。なお他の方面よりは今夜商業会議所のチンメルマン氏、シンケウィッチ氏及市長、労兵会の某等市役所に会合し、右解禁の事に決せりとも聞きし。しかし、これはなお発表せざるを以て確たる事とは言い難し。明日午前中に何等か確たる通知に接するあらんか。

3月11日　午前鳳山丸入港。大河内氏父子来浦。午後2時、小西氏より報告を受く。労兵会に於いて全市商工業大会の要求を入ことと決し、今日正午に其実行終りしを以て、午後2時より商工業家は従来通り営業する事となれり。是につき商工会事務所に役員会を開き、即時会員へ通知す。来る水曜日午後3時より商業会議役員のアルチェーリの主なる者2名、其他要所の関係者都合15名を常盤に茶菓の接待を為す事とし、其交渉を小西氏に、当方の料理其他の準備を田子氏に依頼す。

3月12日　本日は革命記念日とて全市商工業諸官衙休業す。本願寺、武市よりの入電によれば去る9日暴徒蜂起、日本人約10名負傷せりと。三井の岩瀬氏昨日来浦、本日来訪ありたり。夕方鍋島氏来訪。

3月13日　正午鳳山丸出帆す。書状託す。（略）

午後3時常盤亭に於いて商業会役員書記、アルチェーリ、税関長らを招待し、茶話会を催す。当方は商工会役員及漁業家稲川氏、高田商会松瀬氏、小西氏ら計15名、露人15名。こもごも立ちて希望、日露親善を叫ぶ。時事に関する談話もあり。家族的にして意を尽くせるように思わる。午後5時過ぎ散解す。終りに芸者の手踊りを3番ばかり演ぜしめたるは一興を添えたりと思う。

3月14日 午前9時過ぎ民会事務所へ行く。午後2時より商工会事務所で役員会を開き露日協会の来る17日総会準備につき、協会より申込みたる件につき協議す。

3月15日 本日は商業学校内で商工業者大会ある積りにて同校に行きしに、明日に延びたりとて空しく帰るも残念にて、幸いに少女歌劇の如きものありしを以て一見して帰る。

午後6時より鈴木商店の宴会、常盤亭に招待され行く。めずらしき喜戯ありし面白かりし。

3月16日 午前5時半、竹内一次氏来浦。尤も前夜到着なりし為に2回而も4人連れにて停車場へ出向かわしめしも汽車延着。空しく帰る。今朝早く店を叩かれたるには一寸閉口せり。哈府は全部過激派になれりとの事にて武市の援軍等の事も聞く。午後6時より漁業組合長小嶋源三郎氏より招待を受け金時亭へ行く。久しぶりにて真藤氏に遇う。稲川氏も居りたり。当地の人にて招かれたるは、岩瀬、伊藤、和泉、末兼、安達、自分の6名のみなりし。歓を尽し10時前帰宅す。本夜、藤居哈爾賓より帰浦す。

本日午後2時より商業部課金（民会）の査定委員会を商工会事務所に於いて開き完了す。

3月17日　午前来客多し。木村格、川嶋校長来訪。午後6時より露日協会総会へ出席す。入場者約600名、スパルウィン博士及小西博士の講演ありて、二階にては茶菓を売り、茶酌として常盤の女5名を出せり。すこぶる盛会にて同7時過ぎ散解す。

3月18日　平安丸にて西沢氏来浦。

3月19日　漁業組合長を常盤に招待す。16日に金時亭へ招かれたる者5名にて。平安丸に鰊を積み入れる百袋、西沢分。

3月20日　平安丸にて西沢氏出立す。鳳山丸にて大河内氏帰阪。

午後2時より民会役員会へ出席す。夜は妹尾氏迄、田子氏と集まる。日報社の職人の件。

3月21日　塩川より吉田養子の件、確答し来る。午後小林商店へ日報社の件にて妹尾、伊藤氏と共に集まる。

3月22日　本日露貨、長春　3・75　当地　4・60振替　4・80　現金5、15八坂氏へ行き清津土地について交渉す。80銭にて2万8千余坪売約承諾せるを以て元山西沢へ打電す。午後倉成氏来訪。同八坂、鍋島氏来訪。小田医学士の事に付き相談ありたり。夜、脇氏と沈没船引き揚げの事に付き相談す。

3月23日　本日午後2時義勇出帆す。本日、竹内一次氏出立帰哈す。
3月24日　日本小学校の卒業証授与式を午前10時施行出席す。今回は例になき多数の来賓、海軍の内藤少佐、陸軍の坂部中佐、山口副領事、民会役員及父兄警務委員等、外に岩瀬商工会長も列席して生徒も全部登校せしと見て、式場の狭きを感じたり。午後日報社へ役員会合し、職工の品行及内部の紛争について取調べ及訓戒を与えたり。給料支払いに関し規定を設け置き申し渡せり。職工も大いに改心して勉強すべき旨を申し出たり。本日は月見会にて松瀬氏の送別の宴ありたれども都合にて出席せず。昨夜西沢より入電。八坂土地此地にて岡本と契約したと返電ありたるを以て、此旨八坂氏へ通知し、当方は何れにしても同様なりて差支なきを以て是にて当地に於ける話は消滅とすと通知す。
3月25日　本年初の降雨、後雪に変ず。夜中降雪。
長春　後三・六五　前三・八〇
当地　振替　四・四五　現金　四・八〇
本日郵便電信局、過激派の引渡し要求に遇いしと聞く。門扉を閉ざし一切受付けず局長拘禁され、局員同盟休業せるなりと。午後八時よりプーシキン座に廃兵の農園を起こすための演芸会、露日協同にて催さる。駒井、三戸を見物せしむ。服部富三氏来訪。
3月26日　午前六時、店の電話室付近より出火。戸棚半分、電話室、カントラ等を焼失し、戸棚にありし商品は全部焼失、紛失等にて皆無となる。昨夜来吹雪甚しく、度々電線に故障ありしが、午前六時前はなお就寝中にて店員も起き居らざりしが隣りの双合泰の店員起き出でたるに煙、階下に少しあるより不審を起こせしにて当店内の煙なること判明し注意し来りたるなり。自分直ちに店の後戸を開き見たるに電話室の一方棚の付近上部に火を見たり。尚電話室の奥の上部にも火を見たるも棚の付近、猛烈に火勢加わり居たるを以て、料理室のバケツを持ち来り、水にては駄目と思い、すぐに太田、妹尾へ人を走らせ、電話を以て消防隊へ通知したり。其内に付近の人（日本人）続々と来援ありて、二階の品を一先ず持ち出すことになって全部料理部屋へ運ぶ。其内に消防も来て漸く鎮火せり。思うに其前日及び前々日共ペーチカはたかず。前々日は日曜にて、終日店は閉ざせり。然るに突如失火。殊に午前六時（午前五時四〇分）頃に尚全く火気の無き処に起こることは如何にも不思議にして、多分漏電の結果ならんかと思い居る次第なり。本日、日本人の働きを以て別に紛失もなく、迅速に持出し持ち入れ共終らせるは感謝の外なし。本日、埠頭人夫及び郵便、電信局員等同盟休業す。過激派より引渡しを要求せるに基因す。

3月27日　本日は当店の修繕、手を付ける能わず。商品の整理を終る。午後より見舞いの礼に回る。午後五時より松田徳三郎氏の初老祝いにて常盤に宴を開く。出席者二〇名あり。十時帰る。本日は鳳山丸出帆は未曽有の事件ありたり。敦賀より積み来りたる雑貨は一切及び郵便物一切其まま積み戻しとなれり。是税関倉庫の開かれざるによる。而して是埠頭露人夫の同盟休業に原因せり。果物は日本人夫にて取扱い、露労働者の妨害に対しては水兵二名ばかり監視傍ら上陸せる為、露労働者も如何ともする能わず。傍観するに止まれり。最初、安本組と露人夫との間に仕事するせぬの件にて一騒動持上らんとせしも、水兵の上陸にて止み、五、六名の主立ちたる露人夫は逃走せり。近来になき痛快事なりし。郵便物は出帆の間際まで局より受取りに来らず、出帆の際に来りても従前局長よりの領収証を持参せざりし為に受渡しを為す能わず、積み戻しに至りしなり。大いに困ったことなれども、是も痛快に思わる。

午後三時より商工会の役員会へ出席す。引続きゴーロスプリモーリエの件にて領事館に於いてスパルヴィン氏に面会し、株金の事を協議し、明午前十一時に新聞社に行き、それより公証人の処にて無限責任者1名（和泉氏）と有限責任者九名との手続きを了え、それより残り五名の手続を為す事に決し別れたり。引続き木曜会に出席し時局に関する談話に時を移し、九時過ぎ帰宅す。

3月29日　午前十時半、商工会へゴーロス社株金の事にて株主集会し、十一時に会社へ小西、山内、和泉氏と共に行き、ナタリウスにて手続きをなす。而して自分等小口五名は明日新聞社にて払込み手続きを為す筈なり。午後妹尾氏方へ一寸行き右報告し置く。

3月30日　正十二時商工会へ妹尾、田子、中村、自分と四人集りてゴーロスプリモーリヤ新聞社へ行き株金の払込みをなす。午後三時より商工会総会を小学校内に開き出席す。議事意外に手間取れ、書記長と理事との問題にて時間を費したり。予算も無事通過す。役員改選に於いて左の如く決定す。

　会長　岩瀬治三郎氏
　副長　小西増太郎氏
　同　　自分

今年は固辞したれども受入れず。仕方なく半承諾の様にして帰る。午後六時より久原商店の橋本君の転任と内藤氏の新任の披露宴、常盤にありて招待せられ出席せしも七時過ぎになれり。なかなかの盛会にて十時帰宅す。本日は露日協同の演芸会、文明的農園の為にプーシキン座に開かる。道、三郎、圭介見に行く。今日午前、交通丸出帆。七尾へ向かう。輸出大豆、豆粕にて満船なりしとの事。

3月31日　午後一時より民会の査定委員会に出席す。帰途浦潮日報社の職工の内部に付き田子氏より報告を聞く。而して帰宅せし後、和泉氏来訪ありて、また詳細なる反対の報告を聞く。本日蟹一一五匹買入れる。

毎匹三留五哥。

4月1日　本日鳳山丸入港す。本日午前十時より輸出入禁止及郵便局員の同盟、義勇艦隊の同盟休業等に関し、商工会より請願書を市役所及州庁、税関、給養本部等、商業会議所等への提出のため、岩瀬氏、小西氏と三人にて出頭す。午後4時頃に終り帰途ゾロトイローグにて昼飯をなして帰る。労兵会は明日に回すこととす。何事にても必ず尽力すべし。輸出入禁止については何度も不同意なりとの事、一般の言辞より考察するに是は遠からず解禁になるべき模様なり。本日は八坂氏の自動車を借り乗り回りたるは誠に幸いなりし。

4月2日　本日労兵会へ行く約束のところ、他に埠頭労働者の賃金問題にて支障を生じ、見合わす事となれり。本日は一昨日入港せる鳳山丸の書状を受取る。検閲を廃せる為、早く手に入れる事となれり。

本日の市中振替相場は　四・七五、四・七〇　現金は四・八五、四・八〇。

4月3日　本日正午鳳山丸出帆す。藤居帰国す。久原の橋本氏、高田商会の松瀬氏帰京を見送る。乗客一、二等は満員。三等も同様殆ど場席なし。服部富造氏帰国す。午後三時より井本利吉氏の追悼会を本願寺に営む。列席す。午後四時より三井洋行にて商工会の旧役員にて再選になりし者、伊藤、中村、妹尾、自分、岩瀬及書記長鍋嶋等会合。再選の諾否を議す。やむ無として時節柄辛抱する事に決す。午後六時より露人商業会議員及東清鉄道及アルチェーリ、過日当方より招待せし人よりの招待を受け列席す。以前セベリョーフ氏の旧家屋にして、自今、倶楽部となり居し様に見受けらる。会食中双方に種々卓上演説ありてなかなか盛んなりし為、此会合、年三、四回なさんと申出しところ（日本側より）

露人は「少ない、月一回にせん」とて賛成者多く其事に定まる。但し如何なる方法にてするかは未定なりし。充分歓を尽くし、帰る時は十時十分過ぎなりし。

4月4日　本日午前十時、石戸義一氏方へ四名の凶徒、買物をなす風を以て来店し、本の値段を聞き居たる由なるが、直ちにピストルを差し向け手を上げよと命令せるに、義一氏はそれに構わず他方へ寄りし処を一発、続いて二発連発し、同氏の顔面其他に重傷を負わせ、続いて同氏の弟に迫りて又数弾を撃ちて死に至らしめ、入口の戸の処に於いて、青年を一発の下にしたり。大騒動となりて、日本人は処々より聞き伝え集り来たり。領事館、海軍、民会自衛団等よりも来たりて、其前に負傷者は八坂氏の自動車を以て市立病院に運び其後の策に尽力せり。実に惨たる光景にして在留邦人の大恐慌を来たせり。民会にては直ちに役員会を総領事館内に開き、続いて臨時議員会を小学校に午後二時より開きて結局、我が外務大臣及内閣総理大臣宛て此地の秩序紊乱の状態と無警察の有様を具さに、今日本邦人白昼凶徒に惨殺されたるは、今や一日たりとも本邦人は安心して在住する事能わざる危険に迫れるを以て、何等かの方法を以て救護されん事を居留民一同を代表して副会長自分の名を以て請願する事に決し、早速海軍の無線電信を以て発信されん事を内藤少佐に請い快諾を受けて帰る。午後六時頃なりし。右の運びに至るまで総領事と民会役員は種々協議せし事にて必ず吾人安心し得る程度に方法を講じ、実現せしめらる事と信じぜり。本日居留民大会なるものを同じく小学校に開けるありて、非常の参集人ありて小学校内運動場は立錐の余地なきに至れり。此大会に於いても吾人に安心し得る方法を急ぎ講じられん事をと領事まで決議書を差出せり。

4月5日　午前五時過ぎ我が海軍陸戦隊上陸を始む。本願寺に一隊を、領事館に本部を置けり。威風堂々全市を圧するの感あり。全市の外国人は勿論、露人も中産階級の者は皆一口に喜びの色あり。此夜の中に自衛団員をして各電柱に貼付せしめたる司令官の告示を読んで喜色を浮べるあり。又何等の感応を見ざる如きあり。スウェッランスキ街の四角及総領事館の前は群衆を以て満たされ、皆それぞれに議論を唱え、終日絶えざりし。市中一般の人気緊張し居るを感じたり。午前九時、総領事館に於いて加藤司令官より民会役員に対し一の訓示と石戸氏遭難の挨拶ありたり。而して尚司令官の今回の勇断と今後の所信とを申し開けられたり。即時役員会を開き、午後一時より議員会を小学校に招集したり。議員会にては司令官の訓示を伝え一般居留民の心得を述ぶ。次いで石戸氏舎弟の葬式に議員参列のこと。及び民会議員三名を選び、民会を代表して葬儀の委員に参加列席せしむる事とす。成子、曲、倉岡民会よりの供物は常議員に一任のことに決す。大花輪を贈る事に決す。式場は本願寺に於いて仏式及びヤソ式の二様にて営む事となれり。午後、英米の兵も上陸するを見受く。加藤司令官の話で、明日は元山より我軍艦肥前及駆逐艦八隻午前八時に入港のはずなりと聞く。午後中村春寿なる人来りて、石戸氏の加害者は或るコーヒー店にて学生（東洋語学校）の談話によれば、石戸氏方裏に居住せる某とて、元は第四連隊へ出ておりたる者等四名なりとて、其名をも知らしくれたりとて報告されたり。総領事館にて田子氏に遇いたれば其姓名・住所とも同氏は書留め置かれたりとの事なりしを以て、すぐ田子氏に面会し聞き合せたるに、池永少佐迄上申し置きたりとの事なりし。常議員の当番を二名にて午前午後に分け民会へ詰め居る事に定む。明日は妹尾、倉成氏午前中、午後二時より伊藤、林氏とす。明後日午前中、松田、田子、午後川辺、堀江。

4月6日　午前六時陸戦隊第二回め上陸し、小学校とプラチナ館に駐屯す。突然の上陸なりしを以て早朝面食らいたり。小学校は階下の教場及び雨天体操場を兵舎に提供す。児童教育は二階の三教場を用い二部教授をなす事とす。学務委員及び校長等の協議に依る。常議員は毎日二名すヾ勤務の事に昨日定まりたるも、此兵舎事件も起りたるを以て全常議員の出席を促し事務所、プラチナ館と三手に分れ、必要の取計らいをなす事に定む。午後二時義勇艦シルビンスク出港。義勇艦隊の拘禁事件も落着す。本日左の者へ出状す。（略）浦潮日報を親戚へ送る。午後三時より民会へ行きプラチナ館、本願寺、領事館を訪問し、帰途英国領事館の前に英水兵の巡察ぶりを見て帰る。午後六時過ぎ墓地の付近に銃声数発を聞き、本願寺駐屯の兵は早速駆けつけたるに、露人の罪人を四名、どこかへ護送の途中脱走をなさんとせるより、護送の兵これを射殺せしなりと。一時はなかなか騒がしかりし由。本日の露新聞社の社説は、この際、日本人に関係を生じてはならぬ、静にして事端の起こらぬ様にせよとの意味を記載せるもの多かりし。

4月7日　本日午後一時、石戸清一氏の葬式あり列席す。英米の海軍兵及び米国ナイト大将英国の司令官、英領事、菊池総領事、加藤海軍少将、及び其他の将校水兵と参列し露国の耶蘇教徒無慮一〇〇名余は賛美歌を謡いながら途中を送る。在留本邦人は三〇〇余名もありしか。とにかく浦潮開港以来の異彩を帯びたる盛んなる葬式なりし。自分は民会の副会頭として弔辞を読み、商工会は会頭岩瀬氏弔辞を読めり。式終りて後、ナイト大将、英司令官、総領事らと記念の影写をなせしも其時自分は其中に加わるべき約束を受け居りながら、帰途民会にて役員会を開く事となり居たるを以て取急ぎ其中に列する事を失念し、急ぎ帰途につきたるは残念なりし。夕七時、総領事館へ自衛団を訪い七時半頃帰る。本日は予て問題の浦潮日報社職工の紛争事件に付いて、伊藤、妹尾氏と内々集り協議の末、職工三名を呼び寄せ内情を聞き取りて好都合に解決の見込みなり。本日午前十一時頃平安丸入港す。

4月8日　午前は総領事館内自衛団出張所へ行き南部主計と会し、今後の需用及給水馬車等につき協議す。田子、末兼、山口等共々に協議す。午後二時過ぎ元山の松元氏来訪。続いて田中清二、中村謙吉、石戸篤一、鍋島氏等来訪。中村、石戸、鍋島氏と共に米艦にナイト大将を訪い、次いで英艦に艦長を訪い、昨日の会葬の礼を述ぶ。帰途領事館に自衛団を訪う。午前鳳山丸入港す。午後三時より倉成氏方へ萬代招待を受けて行く。妻君の釜山転住に付いてお別れの宴なり。

4月9日　午前中は日本送りの書状を認む。午後領事館へ行く。妹尾氏当番なりし。情報に依れば、一番川付近では赤兵多数集合し居る由。なお義勇艦隊付近で労働者の如き兵卒の如きもの一〇〇名余も武装して、午後の汽車にてニコリスクへ行く。その理由はセミョーノフ大尉当方に向かって来るに付き、それを防止せん為なりとの事。本日、当税関の広告せるところによれば、輸入許可書を要せざる種品目の外は一切の品、満州通過品にても一々本国の許可（貿易局の許可）なくては禁止さるとあり。是にては実際に貿易不可能に終りはせぬか、商人の打撃計り知るべからず。何とか方法を講ぜねばならぬ事となれり。

4月10日　正午鳳山丸出港す。尾本、徴兵検査にて帰京す。午後5時前平安丸出港す。倉成氏妻君釜山へ向かう。午後四時より領事館にて民会役員会を開く。自衛団今後の仕事の件に付いて、希望条件を領事迄申請せしが、早速池永氏に語られ快諾を受けたる由で、詳細は末兼氏より其当局なる主計の方へ話する事となれり。午後五時過ぎ小学校の隣、協信洋行精米所へ裏より逃げ込みたる賊ありて民兵これを撃てり（三発）。これにて其銃声を聞き我兵即時準備して整列せり。其内に該賊は民兵の為に捕われたり。一時の騒ぎなりし。自衛団員の狼狽して本部に電話せる為に本部より指揮官の自動車にて来るあり。泰山鳴動し鼠一疋の感ありたり。今後自衛団たるもの今少し沈勇を要すと感じたり。

4月11日　午後三時より商工会役員会へ出席す。午後七時より木曜会へ出席す。十時帰る。

4月12日　午前十時商船会社へ妹尾、田子、伊藤、自分会合。日報社のことにて協議し、職長井口を呼び寄せ事情を聞き取る。午後四時過ぎ民会へ行き事務の模様を見る。夜に入りて田渕、伊藤来訪。日報社の過日来の紛争について陳情す。今日井口帰社して得意な色ありしより思い立ちて来るものの如し。排斥説なかなか強固に聞き取らる。本日は民兵の歩哨、朝鮮部落に於いて鮮人の子供十三歳なるを射殺せり。歩哨の停止を肯かざりしに依り射殺せるなりと。而して朝鮮人の多数は直ちに其子供の敵なりとて右歩哨を打殺せりと。

4月13日　午前、竹内一次氏を旭館に訪う。（昨夜来浦）午後四時より商船会社に於いて当地税関長の意見を聞き、尚当方の事情、輸出入に関する意見を述べる為会合をなす。小西氏、伊藤氏、近藤繁氏、鍋島氏及び自分と六名にして大いに打ち解けたる談話ありて有益なる会合なりし。

4月14日　午前九時半より商船伊藤氏方へ妹尾、和泉氏と共に行き日報社の件にて協議の末、共に田子氏を訪い（和泉氏は中止す）協議し、午後二時過ぎより日報社へ同行して記者、営業部員、職工、井口等に対し限定或は訓諭等を行い、一先落着せしむ。井口は単に職工長としの業務主任とし、記事には一切関係せざることとす。この限定によりて又四囲よりの排斥に遇う向きは辞職する事と可致と自分より申しおきたり。午後九時過ぎ竹内一次氏来訪。時局問題に付き討論し、十二時過ぎ一泊就寝す。

4月15日　本日は午前中に鳳山丸入港す。暁一人訪来し来る。午前九時より兵事係として領事館自衛団本部へ出張す。午後我駆逐早手号入港す。藤参謀長搭乗と聞く。加藤司令官の案内にて、藤大佐及び山川海軍参事官自衛団本部へ巡視さる。

4月16日　午後一時、ゾロトイロッグに山川海軍参事官、藤大佐より招待を受け出席す。時局問題に付いて特に尋ねらる。昼飯を共によばれ帰る。出席招待を受けし者、岩瀬、山内、鍋島、竹内一次、池永少佐、内藤少佐等なりし。午後四時民会役員会を開き、本日到着すべき武市難民収容に付き協議す。親友会を借りる事とし、食事はとりあえず、パン、茶、砂糖等を買入れ置き、着車時刻に停車場へ迎うることとす。事務員3名を遣る事とす。一行は四十七名なりし。午後六時より、藤参謀長及び山川参事官を常盤に招待す。（岩瀬、山内、鍋島、自分と四名にて）八時過ぎ帰る。自分らは九時過ぎ帰る。本夜より竹内君、旭館を引揚げ宿泊に来る。

4月17日　正午鳳山丸出港す。吉本氏帰国。書状を託す。同船まで見送る。午後倉成氏来訪。共に三井へ行き時局問題につき明日午後三時より商工会及び民会役員の連合秘密会を開くことに決す。本朝七時我が早手駆逐艦出港す。支那軍艦入港す。増山夫婦及び暁の妻、渡航させることに決す。

4月18日　本日午後三時より民会、商工会役員の協議、連絡会を商工会事務所に開き時局に対し意見を徴収す。午後七時より木曜会に出席す。

4月19日　午後一時半より商工会事務所にスパルウィン氏、パーリー氏、マツウエフ氏来りて病院設立に関し相談ありたり。結局、左の通りの返答を与う。露日協会の設立とし、株式会社とする事。日本の学士を入れる事。右の通りならば賛成者多かるべしと答う。家及び其資本等の予算を編成されたし、と答え解散す。本日北京街出火ありたり。和田三郎氏来訪、夕飯を出す。

4月20日　本日義勇シンビルスク午後二時出港。武市避難民一同帰国す。四十名。イルクーツク避難民も十三名帰国す。硬質陶器、安井四、半田等出状す。

午後二時過ぎ病院へ石戸氏を見舞う。大いに快方に向かわれたり。少しは談話も出来るようになりしも、かえって為に悪かるべしと思ひて直ぐ帰宅す。

4月21日　午前親友会に武市避難民の為の部屋を貸与されしを謝辞を述べるべく田中理事と同道し、尚今夕着すべきイルクーツク引揚げ者の為、世話方を依頼し帰る。午後小林商店へ行きパーリー氏へ謝辞を述べ、尚贈物をなす事について田子氏と協議し、明日9時同道し行くことにす。その他終日自宅にグズグズ久方ぶりにて少し閑暇を得たり。昨日は竹内氏帰り来たらず。度々聞き合わせしも所在不明。遂に倶楽部に居ることを聞く。明日出発のこと度々自ら談話しありしと見えて、尋ね合せの電話度々来たり。太田覚眠氏は停車場まで行きたりとの事。気の毒な事なりし。イルクーツクの引揚げ者は五〇名と聞きしに約八〇名ほど来たりたる様子。親友会かひこの二軒に分宿せしむ。

4月22日　午前田子氏と共にドクトル・パーリー氏を訪い、石戸氏遭難に際し急速手当てされし為、生命を取り止めしを感謝すとの意味を述べ、花瓶一対贈呈し帰る。鳳山丸入港す。橋村新治、服部富造氏鳳山丸にて渡来、訪問さる。

4月23日　小雨降る。午前居留民会へ行く。午後パーリー氏来訪。昨日の贈物について礼の為に来る。原田来店、哈爾賓の客の事に付き礼に来る。

4月24日　午前西梶氏来訪。昨日入港の山陽丸にて来浦。羅地所は土地調査局へ届出ありて毎年地租納付せりとの事。是によりて推知し得るには廃地にはならずして済むらしい。正午鳳山丸出港す。午後、外海清氏、倉成氏、佐藤氏、民会田中氏来訪。三時半より商船会社に妹尾、田子氏等と会合し、日報社の職工給料を露貨に変更決定す。同時に記者の上給を決行す。続いて民会役員会を同じく商船会社に開き今月給料の換算率を五五〇と決議す。本日はゼムスッオの譲渡し（同庁の廃止か）を労代会より迫り、その目的を達せざる場合は武力に訴えても断行せしむとの意気込みなりと聞く。小争闘の起こることはなきやと注意せらる。

4月25日　本日は「ゼムスト」を労代会に占領せられたり。但し家屋なりと。別に変事もなく静粛なり。服部富造、竹内一次、倉成氏来訪。続いて鍋島氏来訪。時事談盛んに始む。午後七時より木曜会へ出席す。服部氏を紹介す。本日は加藤指令官列席され時事談に及びて種々意見あり。近来になき愉快を覚えたり。午後十時半帰宅す。

4月26日　午後三時下田氏宅に於いてウヰノヴラード氏と会見。哈爾賓の事情を聞く為。同午後七時領事館に会合し、右聞き取りのことを移牒す。種々の時局論出て帰宅せしは十一時なりし。竹内君宿泊す。

4月27日　午後一時半より石見艦水兵丸田信十郎氏の葬式あり、列席す。弔詞を捧呈し帰る。午後三時より民会に役員会を開き予算を議す。夜竹内一次氏及び服部氏来訪。時局問題の陳情書を作ることを相談し、先方一に自分方にて作成し、明日三人協議決定することとして両氏帰らる。時に十一時半。

4月28日　午前より民会へ行き帳簿整理を為す。和泉氏を訪い陳情書の草稿を依頼す。午後七時より総領事館へ行く。

4月29日　午後服部氏来訪。草稿訂正を行い、午後七時より民会役員会を開き協議し尚訂正をなす。而して結果、内閣当局へ請願提出すると同時に各政党の領袖へ同文の配布する事に決す。本日鳳山丸は入港せず。明日に延期せり。敦賀出港一日遅れたるによる。

4月30日　午前中、竹内、服部氏を呼び寄せ請願書に付いて協議す。午前十時半領事館へ行き（竹内氏同道）菊池総領事に内覧を請い承諾を得。午後一時十分に小汽艇にて朝日艦に司令官を訪い、意見を請い請願書を電信にて発信する事に定め、種々御意見を聞きて三時過ぎ小汽艇に乗り帰る。本日は民会長の資格なりしを以て相当の礼を受けたり。午前九時鳳山丸入港。協一、嫁同伴帰店す。夜は一寸店員一同に引合わせの心算にて寿司を出して雑談す。折しも竹内氏来訪。一層賑々しき事なりし。十時過ぎ上野、槙村二氏来訪す。竹内氏は十時前に帰宿す。

5月1日　午後二時鳳山丸出港す。請願書（民会連合会の）写しを政友会其他各政党へ郵送す。大朝、大毎、報知、時事、産経へも送付す。請願書の全文を無線電信にて依頼す。（外務及び総理大臣宛て）午後三時、三井に会合す。下田、小西、鍋島氏の報告を聞く。夜八時過ぎ内藤氏来訪。電信の事について同十時過ぎ電話にて完了の報あり。鳳山丸取り次ぎに改む。

5月3日　午後三時、学務委員会に出席す。教員の宿舎の件及び槙村氏申し出の件。午後四時過ぎ三井に於いて露人と会合す。食事をよばれ十時過ぎ帰宅す。

5月4日　午前菊池総領事に駐屯所の家主の意向に付いて取調べる件を復申し置く。

5月5日　米は是迄布嚢二留なりしが本日より競争下落の広告を見るに至る。即ち布度22留五十哥となる。

市中に白パンを販売するを見る。本日よりパースハ祭に入るを以て各業休業三日間と布告せらる。

午後一時半より民会議員総会を開き大正七年度の予算を議す。

1．予算原案に学校医の給料を三〇〇留（年給）に増加すること。

1．運動会費として五〇〇留編成しおく。

1. 議式費を三〇〇留に減ずること。
右の三条件訂正にて全部通過す。

なお至急に左の財源を求むる事に決議す。是は議員より提出案なりし。
1. 商業請買に課税すること。其調査及び立案は常議員及び議員中より左の六名を会長指名の下に参加議せしむる事とす。
相見、中村謙、藤本、脇、竹馬、山内
1. 武市引揚げ者に要せし費用は予備費より支出し置く事に決す。
1. 小学校教員二名、夏期講習会に京都まで出張せしむることは常議員の決議あり次第に実行し其費用は予備費（小学校の）より支出す。
1. 教員及び事務員の宿舎を借入れる事ともならば、或は多額の修繕費を要するやもしれず。其節は予備費中より支出の事。
右全部決議さる。午後七時過ぎ帰宅す。

本日桧山氏来浦。午後九時過ぎ来訪。時局問題に種々花を咲かせ帰らる。明日又々哈爾賓へ出発とのこと。

5月6日　午前九時より民会へ帳簿整理の為に行く。午後二時より学務委員と学校委員との懇談会を催し出席す。

1．見学旅行として毎年二回、適当の児童を引率して京都まで行く事を実行したしとの事にて本年より実行すべく方法を研究し置く事。

2．ピヤノ一台買入れの事。

3．五教場新設の事（臨時）。

4．父兄会を適時に開く事。

5．今後毎学期に一回学務委員及び教員の懇話会を催す事とす。午後五時より民会にて自衛団の帳簿を整理に着手せしむ。午後一時鳳山丸入港。平田津弥子来浦す。今夜二夫婦の披露の内宴を開く。

5月7日　午前下田君と共に加藤閣下を訪問す。午後一時民会に於いて代理者を互選の結果、妹尾氏と定まる。同氏に要件を引継ぐ。午後四時より山内氏を四、五名にて訪問し旅行中の談を聞く。

5月8日　本日午後出港の鳳山丸にて帰国。京都へまず行く筈のところ時局問題にて敦賀よりすぐ東上。当局者に陳情の必要ありて下田滋君と共に東上する事となる。上海《ママ》上誠に平穏。

5月10日　午前六時半敦賀着。具足屋にて朝食をすまし、藤原氏に一寸面会し、九時十分の汽車にて東上す。（通信員に包囲攻撃を食らい閉口す）午後八時半東京へ着く。正三の下宿に投ず。

5月11日　本日は朝より旭館に下田氏を訪い共に彼の露人を訪わんとて帝国ホテルへ行きしも当人は

宿泊しおらず。宿帳を一見せしも宿泊せし形跡なし。是より他を訪わんも土曜日の事とて何処も不都合と思い、三越にて昼飯をなし上野に電気博覧会を見る。つまらなし。此間、正金銀行にて米貨を交換す。其割合十弗は二〇円の割なりし。午後十時過ぎより内海静氏を東光商会に訪い工場を一見し種々同商会の方針等について談合し、謡の本なども出て夜十時半に暇乞いし帰る。

5月13日　午前九時より下田氏を訪い共に外務省に行きしも、大臣は差支えありて面会できず。政友会本部を訪いしも折り悪しく幹事長横田氏、名古屋の選挙事件にて多忙を極め面会し得ず。総裁は旅行中にて致し方なく引き取る。臼井哲夫氏を訪い、意見を述べ又同氏の意見き聞き取り、自今政府及び政党の態度も詳細知る事を得たり。後藤大臣に面会の機会を造るべく同氏より尽力さる筈。菊池忠三郎氏を内務官舎に訪い面会す。同氏は所病の為引きこもられ近日別府へ行くつもりなりとの事にて、現今の広田秘書官に宛てたる紹介状を認めらりたり。是を以て明日は外務省へ重ねて行く手筈とす。夜、永沼を訪問す。無事機嫌よし。九時過ぎ帰途に就く。

5月14日　午前九時下田氏へ行く。折よく大幸氏神戸より来着。臼井氏にも面会す。明日午前中に外相に面会のことに定まる。関氏（島田商店員）にも面会す。竹内英次氏へ預り物を渡す。同氏来宿、自分不在中にて正三より渡せり。

5月15日　午前九時旭館へ行き、大幸、下田氏と共に十一時五十分前に田中中将と参謀本部にて面会す。

十一時外務省官舎に後藤大臣を訪い約一時間会談す。昼飯を末広亭にてすまし、政友会本部に横田三ノ助幹事長を訪い、時局に関し同氏の意見を聞く。大いに意を得たり。続いて当方の卑見をも述べて帰る。午後六時頃より帝劇に三人連れで行き十一時半過ぎ帰宿す。

5月16日　午前九時半、寺内総理大臣を永田町に訪い、面会約一時間。懇切なる談話及び意見を聞く事を得たり。十二時大隈候を訪い、約二十分間会談。大いに意見を述べらる。なかなか元気盛んなり。其邸宅の壮大なる流石に大名生活なりと思わる。入口玄関に大なる仁王立ちたり。異彩なり。終りに其庭園を拝観し帰る。午後四時目賀田男を日露協会に訪い、同氏の対露及び米国の観察意見を聞く。臼井氏に礼を述べるべく訪問し、其周旋の労を多謝し帰る。大幸氏は七時二分発にて帰神す。自分等は下田氏と浦潮へ報告の書を認む。午後十時、下田氏を辞し帰宿す。是にて公用を終結す。

会談の要旨

寺内総理……此時局問題は重大なる第一にて尤も連合国と共にせざるべからず。レーニン政府も到底永続きはせざるべく、誰が代りても他より援助せざれば独立難しく、目下の所にては日本人に対し生命財産の迫害をなせしを聞かず。もし左様の事あらば充分の覚悟あり。出兵はむやみにすべからず。

名義正しからざれば、我が武を汚す。余は此事は出来ず。他に種々の事情もありて連合国と離れて単独にて成すべからず。居留民はこの際、引揚げなどはせぬように。内地に於いて商業せるとは事情異なればば多少不安あればとてビクビク引揚げるは最初外国へ出でし時の精神にもとると思う。何分軽挙をせぬように申し聞けられたり。利権はこの際、獲得するだけやるべし。決して無効になろうとは思わず。（適法の利権獲得をせよ）とにかく目下は内政不干渉の方針なり。我が出兵すべき時は独乙勢力の東漸せる時。我が民に妨害を加える時。連合国と協議の上、出兵必要と認むる時。この他の理由にて出兵せざるべし。

後藤外相の意見……寺内大臣と略同様なりし。内田大使は近く帰任のはずなりと言明。

小幡政務局長の談……諸君の迷いもっともなり。政府自身がなお迷い居るなりと。もし在留邦人の利権を侵害するようならば、過激派政府にても其れに対する方法を以て、領事より保護さるべし、との事なりし。

田中参謀次長の意見……諸君の請願は至極もっともなり。しかし政策に関することは自分の関せざるものなれども、何時にても必要に応じ遺憾なきだけの準備は既にせり。諸君は諸君の立場として、今後利権獲得に対して将来の保護の如何にするかとの直接利害を聞きたいのだろう。其方がよし。政策云々はよろしからず、との注意ありたり。

大隈侯の意見……露国の革命は仏国のそれとは本来質を異にせるなり。結局は連合国の保護の下に連邦政府を作らしめるに至るであろう。利権は心配なり。取れるだけ取るに如くはなし。決して無駄にはならずと思う。

目賀田男の意見……露国は実際に於いて亡びしなり。独乙は種々の手段を弄して露国を煩悶せしめ起こさせて漸く自分の威力を示すの方針なり。万一レーニン滅亡せば、又他の者を起こし、しかし是をも亡ぶように手段を廻らすなり。其勢力は不識不知の内に東漸し来るなり。日本は米国と結びて極東の安定を作らねばならぬ。米国は決してこれを辞せざるものなり。

是は自分、彼の地にありて親しく見聞せるものなり。米国はたとえ自国一国になりても、独乙は腰の立たぬまでやりつける決心なりとて大統領の意見に国論一致せり。独乙は支那に於いても種々の手を弄し、現に今回の支那学生問題にても其元は独探にあるなりと。

日本は最初、出兵と云いし、其言葉が悪い。自分の意見は最初日本人保護と云う名義にて巡査を数百名出して、各地本邦人の居る処へ配布すればよろしかりしなり、と。結局同男の意見は日米共同の極東独立保護をするの必要あり、との結論なりし。

5月17日～6月14日　親戚訪問など個人的行動

6月15日　午前五時発列車にて敦賀へ行く。鳳山丸午後六時出帆。海上誠に平穏、畳の上に居る如し。
6月16日　海上平穏。
6月17日　一時入港、無事帰宅す。
6月18日　倉成氏、妹尾、小林氏を訪問す。午後菊池総領事を訪問す。
6月19日　妹尾、倉成氏来訪。午後四時より常盤へ日報社株主臨時総会に出席す。増資十三万五千留とし、旧株と合併して資本十五万留と定む。一株五百留にて自分は二十株の申込みとす。此内旧株式二あるを以て十八株追加する訳なり。
6月20日　午前下田氏を訪いしも不在、後に同氏来訪。午後三時加藤司令官を旭に訪問せしも折悪く本日は艦内検閲日にて面会を得ず。民会を訪ふ。従業員二名不足。其他現員も面白からぬ様子に見受けられ、要するに給料問題ならんか。
6月21日　午前十時司令官を訪問し、帰途菊池総領事を訪ふ。
6月22日　午後三時より民会常議員会に出席す。事務員及び教員の給料支給法に付いて協議す。
6月23日　日曜、終日降雨。
6月24日　鳳山丸入港、石田市治氏来浦、当店に宿泊せしむ。近々民会へ出勤の筈。平田より花園地所買入済の報告と地所売買証及登記済の証拠書類送付し来る。今後は新築の準備を要する事となれり。

花園村の老人となる事かな、否まだまだ老人仲間に入ることあらず。先ず住居を定めて大いに活動せねばならぬ。是我が主義なればなり。新築の工風をこらすも随分と楽しきものにて活動を要する種子を造りし様なものなり。本日正三より来信下宿を転せし由にて一先ず是も安心せり。本夜哈府竹内夫人来着。明日の鳳山丸にて帰国の筈。

6月26日　正午鳳山出港、竹内夫人乗船。午前中にドクトル・パーリー氏来訪。鍋島氏来訪今日帰国す。日報社役員会を八坂氏方に開き、増資後の方針及び其他要用の件協議す。

6月27日　午前領事館にて総領事に面会し、起業の計画に付いて伊藤、小林の二氏と共に研究す。而して松田銀行へ行き、安藤氏に意見を聞き帰る。倉成氏を訪問す。夜八時に木曜会に出席す。東京表陳情に付いての大略を談話す。本日出席者割合に少なく淋しかりし。本日、ヱゲルシヱトにある銅を汽車に積まんとせる者ありて英兵すぐに出動し是を差止め日兵も続いて出動せるも、一時間程して引揚げたり。

昨夜はスパースカに支那馬賊約四百名襲い来りての二重なる家を焼払い財物約五十万留ほどと捕虜二十一名を伴いて立去れりと。其中には砲一門を持来り居たりとの事。民兵は之を捕ること能わずしてそのまま行方不明なりとの事を聞く。

6月28日　月見会に出席す。

6月29日　午前九時、チェック兵労兵会に武装解除を迫り、遂に武力に訴えて其目的を達せり、併し発弾せずして落着せり。引続いて電信局、市役所、労兵会本部に於いて其労兵全員を拘禁し去れり。日本陸戦隊は此事に関係せずといえども市街警備に忙はし。

十時半頃には既に事終了せり。市中に一時騒がしく各商店一時は閉戸し、市中の男女、何か事起りしとて非常の混雑を来せるも十二時頃には平静に帰せり。是にて当地労兵会は一掃されたる姿なり。別に戦闘開始の模様もなく一般安心せり。併し今夜は市中の労働者の中に暴行を行う者なきか大いに注意を要す。午後二時頃より過激派の司令部のみ大分険悪になり来りたる様子につき、英国領事館の方前行きしに同司令部は強行なる態度を以て武装解除をなさず、午後四時を最後の期限として遂に談判破裂せしか、チェック兵の方より銃及び機関銃を以て内部より攻撃を始めたり。チェック兵は停車場を占領し、同所の表面及び其屋上より又は北側の森の中より砲撃を始む。而して背面にも歩兵廻わり殆どと包囲攻撃にして、正面の方には機関銃三門を備え居れり。五時頃より攻撃最も盛んになり、負傷兵もチェック兵の方に五、六名を出したり。過激派の方は家屋内にありて一歩も外出せず攻撃しむは盛んなるにつれ二、三名或は五、六名づつ逃走し来る者あり、是等は皆捕虜とし捕えられ中には負傷せる者も沢山ありたり。五時四十五分に降服せり。爆発五、六回にして同家屋、窓より火炎を吹き出し遂に終了せり。市街戦を初めて目撃し実に面白き事なりし。

本日は午後より細雨降り居たり。
6月30日　本日の午後七時より総領事館の招待にて支那領事、及び海軍艦長等と共に夕饗をよばれ十一時帰る。
7月1日　鳳山丸入港す。
7月2日　倉成氏来訪。山口芳二、プラチナ館藤田、来訪。午後、チェック兵の戦死者二名の葬式ありたり。すこぶる盛大にして当市にては稀に見る所なり。本日交通丸小樽へ向け出港す。越後丸清津方面へ向け出港す。
7月3日　鳳山丸出港、協一上阪す。午後六時より日報社株主総会を常盤に開く。旧株主の配当及び賞与を決定す。
7月4日　午前八時過ぎ木村格氏来訪、舞鶴、鷲丸航路を開ける就いて彼地より何か積荷なきやとの事なりし。同船三百屯位積荷し得る由。午後二時より居留民会常議員会へ出席し、帰途日報社工場修理を見て帰る。本日は木曜会休会となる。チェック兵昨夜より今朝にかけて双城子方面アラズドーリエへ行く。昨夜チェック兵の負傷兵二貨車を運び来れりと聞く。多分アラズドーリエ付近に於いて衝突せるならんか。
7月5日　午前日報社へ記者事務員及び職工に賞与を与えるべく、役員揃いて行く。午後民会、見廻わる。

7月6日　義勇出港す。午前総領事を訪ふ。プラチナ館の家賃及び太田家賃の左の通り答へ置く。

プラチナ館一ヶ月四五〇留とし、太田の家は僅か一ヶ月なれば別に何等かの必要なしと。此日平穏の如くなるも当地政争甚発につき自衛団に於いても安心油断すべき時にはなく注意を頼むとの事なりしを以て末兼氏迄伝え置く。小林田子氏来訪、パーリー氏の申出を聞く。

7月7日　午後三時より日報社株主総会へ出席す。午前余内中佐来訪。哈府送金の事につき相談ありたれども、通信不能の折柄とて出来難き旨を言う。午後菊池総領事夫人萬代を訪問、チェック負傷兵慰問の為の音楽会開催の協議ありたり。

7月9日　終日店に居る。

7月10日　鳳山丸入港す。倉成氏来訪。山田来る。午後内藤少佐を訪い、山田の申出に関する修繕の事を陳述し置く。為替五六七、五七〇鯖不漁にて百尾百五十留となる。篤志看護婦の協議出でたり。菊池総領事夫人より婦人連の有志として。

7月11日　鳳山丸出港、弘帰京す。午後三時頃、下田、岩瀬、両君と共に加藤司令官を朝日に訪問し、時事の談話を聞く。×××午後八時より木曜会出席す。昨日より電信の証明は左の通りと定む。午前中、午後三時、六時、九時。右の内午後の分は商工会事務所員及び民会事務所員出張受付けを為す事と定む。

7月12日　午後一時半より民会常議員会へ出席す。帰途一同小林商店に家を見に行き、民会事務所に借受ける事に決定す。一ヶ月衛生費持の一二〇留決す。駆逐艦朝風入港す。

7月13日　降雨。義勇出港す。午前十時頃領事館へ行き、日報社に対する補助金年に七二〇〇円と定まりし通知ありたり。午後倉成氏、三嶋氏来訪。為替六〇〇、入電　当地五八〇駆逐艦朝風午後四時出港。

7月14日　午後降雨。午後二時より露日協会へ列席す。同会席上演説にパーリー氏の日本を賞揚せる演説あり。又、元理財課長の某氏の日露貿易統計を朗読せるあり。続いて日本商品の粗悪なるを攻撃するありて汗を流したり。

7月15日　降雨。午後1時より商工会役員会に出席す。

海軍病院通訳の件。午後2時より民会議員臨時会を開催し出席す。午後5時頃より妹尾氏と通訳を勧誘に商店を廻る。

7月17日　神奈川より入電。シン大病ト、尾本上阪セシム

7月20日　義勇出港、天気晴。藤代帰京す。本日チェック負傷兵慰問慈善会、商業学校内に日本英支協同にて開催、出席す。主に日本の領事夫人に依りて主催されたるものなり。すこぶる盛会なりし。

7月21日　降雨。太田、田子氏来訪。時局に際し何か営利会社或は組合を起しては如何かとの議出で倉成氏も丁度来訪中にて、一度岩瀬氏の意見も聞き見んとの事にて午後1時三井へ行き協議の結果、領事に意見を聞かんとて出向きたるが、領事の意見は日本品粗悪品輸入を防ぐ点に於いては大いに賛成なり。之が或る団体の仕事として実行し得らるるならば相当の保護をも与えんとの意向なりしも、営利事業としてはちょっと不了解の様に見受けたり。

7月22日　鳳山丸入港。正三、弘、協一、帰浦。外に正三の友人、大野氏来浦当店に宿泊。本日午後塩川より入電。オシンシス。萬代は本日午後9時頃着の予定なれば母生存中に間に合わずなりしは誠に遺憾の極なり。

7月23日　総領事を訪い、陸兵隊の来らば居留民会として何等か準備する必要は無きやをたずねたるも領事館が未だ何等出兵に関する通知来らず、随って何も考えなしとの事。ついでに21日に申出し置きたる件について総領事は、粗悪品防止の方法は賛成にして何等か具体的に商工会より提出せよとの事なりし。付いて種々探りて利害的弊害にも入る点を述べ一応協議の上提出するや否やを回答する事にして帰る。本夜7時より軍令部より常盤に招待を受け出席す。池永少佐、明日の鳳山丸にて帰京せらるるに付いて別宴の心積りもありし様子につき、引続いて二次会を同亭に開き11時頃帰宅す。

7月24日　本日鳳山出港、池永少佐を見送る。市中に三色旗を掲る店舗多し。市会の選挙の為にせし様子なり。

7月25日　本日は木曜会に出席し、商品検査所の案請願書の原稿を総領事に示し同意を得たり。次に当地に於いて陸軍納品の請負いをなす事に付いて協議す。有志者の結合とするを便利とする事に大略同意者多き様に見受けたり。

7月26日　降雨。朝、森旅館に常川氏を訪い、軍隊請負事ともならば相当の用事を申付けらる事となるべし筈にて出来るならば明朝返事せよとの事に、岩瀬氏とも協議の末、至急に発起人を集める事とし、午後8時に25名の発起人が三井洋行に集り、資本金百万留として、壱株壱百留、株主に於いて七千五百株を持ち、弐千五百株は商工会役員中にて公募することとす。28日迄に四分の一の払込みを為す事とす。

役員中にて公募することとす。28日迄に四分の一の払込みを為す事とす。

組合の名称を軍事用達社。

取締役会長　自分

専務取締　下田滋

常務取締　田子一也　松田佳三郎　天野邦太郎

取締役　八坂雅二　太田良三郎

監査役　妹尾憲治　中村謙吉　末兼三彦

軍隊駐屯中の営業とす。専務及び常務の外は名誉職とす。

7月27日　本日午前常川主計及び中嶋少将、菊池総領事を訪問し、組合組織成立の報告と業務開始注文依頼をなす。下田カントーラ（オフィスのこと）に集りて組合の定款及び其他必要の書類を作成し、万事の打合せを終る。

降雨甚し天候険悪荷物陸上げを終らざりしを以て義勇出港せず。午後商工会事務所にて組合に関する書類を調製し、印刷に付する物は其手順を了し帰宅せしは午後九時なりし。

7月28日　晴天。午後、工藤不二彦氏、田中伊三郎氏来訪。軍事用達社の事につき成行きを概略を話す。倉成氏来訪。其後　相見、服部氏来訪、軍事用達社の公募株余り少数なり、発起人に於いて七千五百株も受持つは余り専横なり。在留商人に利益を得させると云う精神より成立せしとすれば、今度の割当は不公平なりとて大分にやかましく議論を持来れり。しかれども、この用達社は商工会として組織せしにあらず、有志（在留商人の主なる有志）を発起人として成立せしものなれば、不公平云々を聞くべき理由なし一般公募すべかりしを、商工会員内にてと限定せしは大いに発起人の心を多としてよろしからん、要するに此議論、商工会にて為すと云う誤解より出たる説なり、決して左にあらずと弁解し置きたり。夜、田子氏を訪い、又、倉成氏を訪い、意見を徴収す。果実蔬菜商組合は明日午前八時に臨時会を開く事に、向井及び田中へ通知し置く（当店に於いて）明朝9時に用達社へ出席する筈、今日の模様を報告の積り。

7月29日　鳳山入港。本朝、果実商臨時会を当店に開き昨日の報告をなす。大分に相見氏同様の議論あり。結局、募集の株数を多く改正する事を希望するありたり。

同午後3時、用達社発起人会を三井に開き、公募株を増加する事について協議す。其結果、各自五〇株を減じ三七五〇株を公募する事に決り、続いて定款の原案を作り決定す。

7月30日　午前相見氏を招き公募数改正増加の事を通知し、尚誤解なき様に懇談したり。

7月31日　鳳山丸出港。倉成氏帰国。朝日艦へ民会役員と岩瀬商工会長と共に暇乞に行く。艦長に面会し、快談約一時間、汽艇に送られて帰る。同艦は明日午後二時出港の予定なりと聞く。午後八時半蒲生参謀長来訪。加藤司令官よりの旨を奉じ小学校宿舎の礼として、僅少ながらと一封を与えらる。本願寺の方も小学校にて受けらるとならばとの事にて預け来りたれば益々是を受取られねば本願寺の方にも困るからとの事に申されたり。之より当小学校は謝礼を頂戴する事は心にもなき事に候共、折角の御芳志に候へば頂戴し何れ又御礼に出べしと御挨拶せり。約十五分ばかり俗談に移り帰られたり。

8月1日　午前用達社へ行く。

午後二時旭館に大久保主計を訪い、用達社の事業上に就いて種々の意見を聞き輸入に関しては軍隊の検査を請いて直ちに輸入し得る事を同意を得たり。午後三時小学校に於いて商工会臨時総会を開き列席、粗悪不良品輸入防止の意見を陳述し、其方法を講ずるべく請願書を総領事へ提出する事に可決す。来る水曜日（七日）に教賀商業学校生徒の観光団を招待し茶菓を供し懇談することとす。場所は小学校とす。夜八時より木曜会列席す。本日は有益の話ありたり。

8月2日　午前、社へ行く。

午後一時より八坂方に日報社役員会に列席す。本日午後七時より露日協会総会東洋学校に開かれたれども、自分は出席せず、正三を出席せしむ。明日義勇出帆の筈につき京都行書状を認む。正三、午後十一時帰る。露日協会より他散歩せし由。

8月3日　午前用達社へ行く。英国兵上陸、スウエッランスカヤ街チェック本部前、進軍するを見る。兵種は劣悪と見たり。数約六、七百名か、犬を一匹連れ居たり。午後三時より民会役員会を開く。

決定　1．事務所新普請の事中村氏に託す。

1．林田、伊藤に慰労金本俸一ヶ月分を与うる事。

1．林田に十ヶ月分の給料を支給する事。

1．小学校の雨天体操場及び新教場を造作する事、中村氏に託す。

1．加藤司令官の小学校に対する謝礼の報告。

午後八時より順泰居に家賃の事に付いて集る。決定せず、明日吉田に集る事とす。
8月4日　久しぶりの好晴天なり。午前九時より民会の役員及び商工会長と共に軍艦肥前を訪問す。
8月5日　午後七時より中嶋少将以下参謀連を有志にて常盤亭に招待す。
8月7日　午前用達社へ行く。午後三時より小学校に於いて、敦賀商業学校生徒の観光団を茶菓にて招待す。（商工会及び民会連合にて）小西、松田銀行員、内藤氏、三名の講演ありて後茶菓を出す。
8月8日　午前用達社へ行く。午後民会理事来訪、事務報告あり。
　午後二時インスペクトルへ行き、所得税の届出に関し。午後四時より用達社へ行き七時十分迄居る。七時五十分過ぎより領事館へ木曜会に列席す。総領事より政府の事につきホルワットの当地へ来りたる事情行動、之に対する領事団の交渉等の談話あり。十一日午前中に我が陸兵到着するについて、之を迎うるに、極めて静粛に少数の代表者のみ迎うるようにとの十二師団長よりの注意を述べられたり。之によりて小学校生徒及び自衛団等の出迎えを廃し、民会役員及び各部の議員にて出迎えうる事に定む。各戸に日本国旗を掲揚するや否やも問題となりたるが、遂に之も師団長の意思に随う様に華美的の歓迎をせざる事とし、余り露人の感情を損するは不利なりとの事にて掲揚せざる事に決す。海軍陸戦隊は十一日午後全部引揚ることとの報告あり。同日は総領事館前にて居留民は小学校生徒、自衛団及び役員、議員等其他有志整列、送別する事とし、陸戦隊は同場所に進行を停止し、指揮官は一場の挨拶を述べらるる筈、而して我居留民一般を代表し総領事に挨拶を述べてもらう筈なり。

8月10日　午前より森旅館に行き、又用達社へ行き終日帰る能わず、昼は洋食を、夜は常盤にて飯を済まし、十二時過ぎ帰宅す。用達社の用事にて繁忙一寸の閑なし実に閉口々々。

8月11日　午前九時前、用達社に行きたりしに電話ありて、只今より陸兵上陸を開始すと。昨日午後の命令にては十二日午前九時に上陸との事に決定せるとの通知を居たりしに、突然変更され足下より鳥の飛立つの如き命令なりしには自然怒らざるを得ざりし。用達社の準備手配悉く皆手違いを生じたればなり。早速岩瀬君其他に電話して阜頭に向い、それよりヱゲルシヱート阜頭に臺中丸筑前丸の停泊せるを見、早速臺中丸に大井師団長を訪いたり。

海軍及び陸軍参謀に遇いて分列式の時日を聞きたるに、之は予定の通り明日とのことなりしを以て大いに安心し帰れり。それより用達社に於いて業務を見、午後十一時過ぎ帰宅す。

8月12日　本日午前9時20分、我が陸兵は商業阜頭より列を起しチェック本部前にて分列式を行う。各国兵（陸海）及び日本小学校生徒、民会役員、商工会役員等参列し盛なる式を終れり。午後2時20分には我が海軍陸戦隊引揚式を、総領事館前に於いて行わる。総領事及び自分、自衛団長末兼氏等、謝礼の辞を述べ、日本陸戦隊萬歳は自分の発声にて参列員一同是に和し盛に送別なせり。今春来の頼とせる同戦隊に別るるは、何となく慈父に別るる如き感情に満されたり。永久の紀念とする所也。午後4

時半より用達社へ行き、午後10時半帰宅す。

8月13日　午前総領事館へ行き、陸戦隊本部の材木を居留民会へ寄附に相成るにつき、受け取くれとの事を聞き帰り。

帰途用達社へ行き手伝い、午後7時頃帰宅す。開業以来の帳簿充分出来居ざるを以て雑記入を持ち帰り、引続き整理す。本夜は強き降雨ありたり。

8月14日　毎日用達社へ出勤、多忙極まる事とて日記を怠る。

8月17日　大谷司令官等香港丸にて来浦。

8月21日　用達社へ行く。吉田祖母様死去の電報来れり。本日、長崎習慣の灯籠流しを見に行けりとかにて、正三夜2時帰りたり。仲田同道。随分酔ぅ。此所彼の品行は不良に傾けり。

8月23日　参謀副官天野氏。

8月28日　本日鳳山丸出港す。午後1時より用達社の総会を小学校に開く。遂に自分は取締役会長にせられたり。其他の役員も例定の通りに決す。本夜用達社より帰途、夕飯を常盤に於いて食す。(役員連一同)

8月29日　居留民会役員会を開き、軍司令官の催す宴会の準備に付いて協議す。

8月31日　義勇シンビルスク出港。午後2時正三乗船帰京す。

9月2日　本日は午後4時より軍司令官の宴会ありて商業学校に開かる。自分も招待を受け7時頃帰宅す。客人140名余り、立食にして非常の盛会なりし。外国人も充分満足の体なりし。本日鳳山丸入港す。

9月7日　義勇艦にて帰国す。海上誠に平穏なり。

9月9日　午前3時敦賀に入港す。用事を済して、午後4時20分発にて金沢へ行く。

12月17日　午後七時商工会に於いて、小西氏に対して商事会社としての家屋買入れ謝礼に就いて役員及び相談役の会議を開く。

第一、買入れ原価三十五万円として、此弐分を謝礼とする事。（七千円）

第二、軍司令部、借上げの手続きを了し実際の収入予算立ちたる上にて前記弐分以上の謝礼する事。剰余金五万円より諸経費を引去り残金の半額を支払いてもよし。但し之は実際の収支を算当し得る迄の運に至りて後の事とする事。

堀江正三の日記　抜粋

「1923年の日記には、ロシアでの就職口の斡旋依頼を、友人、知人にしたがうまくいかないことやロシアについての思い出などが書かれている」

大正十三年（一九二四年）　一月二十日

（この前に「大連の満鉄調査部へ就職依頼を人を介して行った」記述がある）

就寝後も床の中にて種々に成行きを空想す。

「露西亜」と云ふものに関する今日迄の経験を多少なりとも役立たせて活動し得る点に於て誠に好適なる就職口なり、且つ大連と云ふ土地も相当の文化的大都市なりと聞く。即ち外面的にも内面的にもかひある生活を営み得るなるべし、目下のこの目茶苦茶なる生活状態を一変し得る機運到来せるものとすれば真に喜ぶべき事なり。

一、飽くまで露西亜及び露西亜人と云ふものの研究に向って努力する事。（出来得べくんば露西亜人の家庭に寄泊して深く接近する事も一方法なり）

二、経済的独立の安定を得て絶対自由に自分の生活を味はふ事。

大正十三年一月二十三日

（前略）

露国労農政府即ちC.C.C.Pの建設者レーニン逝去す。来る二十六日莫斯科に於て国葬行はるる由、我が摂政宮殿下の御慶事と同日なり何となく異なる感じす。

大正十三年一月二十六日

皇太子殿下御成婚の大儀挙行せらる。

大正十三年三月十二日

二、三年前浦潮の本屋にて買求めたる

Государственное устройство советской России と云ふ本を押入の中より引っぱり出して今日より少しづつ翻訳に取りかかる事とする。最初の憲法の基本法規に関する所を一頁半ばかり訳して見たれど思いしよりはかどらぬに驚く。

三月十六日

ピロシキを焼く、聞き覚え見覚えの記憶をたどりてやってみたる処、先づ上出来にて平田へも少し分ちて好評を博す。

五月十四日

露西亜の小説を少し翻訳してみたいと思って本を浦汐から取寄せるべく依頼の手紙を知人へ宛てて書き始めたがどうも思ふように筆が運ばない。筆を採った時、僕の頭には沢山の作家の名前が浮んでゐた。

日本人には余りに名の通り過ぎたトルストイなどは抜きにしてツルゲーニェフなども其意味で預っておいて先づ読んで見たいと思ふのは　古い所でプーシュキン、レルモントフ、ゴーゴリ、ドストエフスキー、劇作家の方でチェーホフの短編、描写の精密な点でアルツイバーセフ、クープリン、アンドレーフ、カーメンスキー、どこか仏蘭西くさい処のあるブーニン、ソログーブなどと挙げればいくらでもある。此等の人々の物ならどれでも結構だしまだその他に僕などの知らない新しい良い作家も沢山あるからそんなものを紹介してもらったら尚更結構だから是非送って欲しいと云ふ意味を認めてやる考だったがどうしたものか幾度書き直してみてもしっくり心持ちに合った文が出来ないので一枚書いて破り二枚書いて裂きする中に反古ばかり十何枚机の囲りに散かってしまった、とうとう終いに癇癪を起してペンを叩きつけて断念してしまった。

（以下略）

ロシア語の部分（中村喜和訳）

酷暑の夏が去り、すばらしい秋が近づいてくる。暑くなく寒くなく、最もおだやかな陽気である。一日中これといってすることもなく、昔の思い出の中で退屈な時間を過ごしている。二年ほどまえの夏、ウラジヴォストークでとても面白いことがあった。この出来ごとを思い出すとついほほえんでしまう。あるとき、私はひどく黒い顔をしたあるイギリス人と知り合った。彼はキタイスカヤ街に事務所をもっていて、仲介業をいとなんでいた。

ある日私は用事があって彼の事務所をたずねた。とても気持ちのいい若者なのできわめて愉快な印象のうちに話がすみ、私が事務所から出ていこうとすると、彼はかたく私の手をにぎって言った。

「どうかご都合のいいとき、うちへいらしてくだされば、お茶をごちそうします。私のアドレスはマリツェフスカヤ（マルケロフスカヤに同じ）街の＊＊番です」

私はもちろん礼を言って、事務所を出た。その翌日また用があって彼のもとへ出かけることになった。事務所にはいると、きれいな若い女性が彼の机に坐っていて、彼は妻ですといって私に紹介した。彼女は二十歳くらいのロシア人で、われわれの話をじっと聞いていた。やがてこうたずねた。

「堀江さん、あなた写真はお好きなんですか」

私が手にカメラをもっていたからである。

「ええ、腕はいいんです。いい写真はめったにとれませんが」

しばらくして私は立ち上がった。

「どうしてお急ぎになるの。まだ早いのに」と彼女は言った。

「ちょっと散歩をしたいんです」

「おじゃまでなかったら、私もいっしょにまいりますわ」

私は彼女の夫の顔を見た。彼はまったく異存はないかのようにほほえんでいた。そしてわれわれが椅子から立ち上がると、もう一度お茶への招待を繰り返した。

「どうぞ、あしたはちょうど日曜日です。夕方五時にお待ちしていますよ」とつけ加えた。

私は彼女といっしょにスヴェトランスカヤ通りを公園の方へ歩き出した。みちみち、どんな話をしたか、もうおぼえていない。公園の一つのベンチに腰をおろすと、ウラジヴォストーク港の美しい秋の光景が目の前にひろがっていた。たくさんの汽船や帆船や巡洋艦が停泊し、そのまわりにカッターやボートが群がっていた。

しばらく休んでから、私たちは公園の中を歩きまわった。

「ここで私の写真をとってくださいな、堀江さん」

「いいですよ、どうぞ」

彼女はそれほど高くない木の生い茂った葉の下に立って、私にたずねた。

「どんなポーズが似合うでしょうか」

「立っても坐っても横になっても、お好きなように、きっとよくとれます。腕はたしかですから」

公園の中で何枚か写してから、彼女といっしょに通りに出た。

翌日はうすら寒くてどんよりした日だった。昼食をすませて招待のことを思い出したころには町全体が霧につつまれていた。それでも私はひげをそり、服を着がえてから辻馬車に乗って出かけた。彼らは喜んで私を迎え、とくに若い主婦の態度はまるで兄弟に対するようだった。彼女はテーブル・クロスをひろげてサモワールを置き、パイやビスケットやボンボンやチョコレート、それにワイン、リキュール、果物などで私をもてなしてくれた。彼女はいろいろなアルバム、書物、雑誌を見せたばかりでなく、ピアノも弾いてみせた。彼女の夫との話題がソビエト体制やポリシェヴィキや共産主義の批判に及んだとき、彼女は退屈して話をさえぎって訊いた。

「堀江さん、あなたは独身、それとも結婚しているの」

この突然の質問に私たちは笑い出した。

「ぼくですか。独身ですよ」

「好きな人は」

「いませんよ」

「あなた何歳ですか」

「数えで二十四歳です」

「なら、結婚してもいい年ごろね」

「ぼくにはその気はありますが、女の子に断られてばかりいるんです」

「ご冗談でしょう。そんなことはないはずよ」

「いいえ、本当です」

「あなた、ロシアの女性はおきらい」

「もちろん、好きですよ。ブロンドだろうとブリュネットだろうと、あるいはニグロだってかまいませんよ」

「独身ぐらしはさびしくないの」

「そりゃさびしいですよ。不幸かどうかは別ですが」

「まだ若いんですから、もっと積極的にならないと、どんな娘だって選べるでしょう」

「それはぼくにはむりですよ」

「なぜなの」

「ぼくにはできません。日本的な考えでは、いけないんです」

「ほんとう？　それでは若い人たちはどのように結婚するんです」

「親が決めるんです。当人同士が好きかきらいかなんて、問題ではありません」

「愛してなければ、つまりたがいに好きでなかったら、どうするの」

「がまんするしかないですね」

「変な習慣ね。がまんできなくて不幸になるか、スキャンダルになるか、それとも不愉快なことはおきないのですか」

「よくあることです」

「あなたはそれで満足しているの」

「いいえ。ぼくだけでなくて、みんな満足なんかしていません。きっとそのうちに変わるでしょう」

「そのはずよ。なぜって愛は自由でオープンなはずですから」

七時ごろ私は帰宅した。

一日おいて私はマリツェフのバザールに出かけた。ある店から金を受け取ることになっていたからである。その帰りみち、わざわざ彼らのアパートのそばを通った。

すると、突然三階のバルコニーから彼女が叫んだ。

「堀江さん、うちへお寄りなさいな。素通りするなんて恥ずかしくないこと」

「こんにちは、マダム。バルコニーから見張っていたんですか」

「ちょっとお待ちなさい。今すぐドアをあけますから」

彼女は階段をおりてきてドアをあけ、私の手を取って部屋に招き入れた。

「ご主人はおうちですか」と私はたずねた。

「いいえ、ダーチャ（別荘）へ出かけたの。でもじきに戻るでしょう。きょうはずいぶん気がねしていらっしゃるわね。どうぞ、ご遠慮なく」

彼女はそう言って、寄り添うように私をソファにすわらせた。

魅力的な眼差し！　魅力的な目！　おしろいと香水と女性の体の匂いからなる陶酔的な雰囲気の中で私は彼女にさからうことができなかった。

「私が言ったこと、おぼえているの」

「きっと、愛とは自由でオープンなもの、ということでしょう。それは事実かもしれません。しかし、残念ながら人は正しい秩序を守らなくては」

「それはそうよ。でも、私にとっては秩序より生きているということのほうが大切だわ」

ちょうどこのとき、夫が家に戻ってきた。

「やあ、こんにちは。堀江さん。ご存じですか。強盗たちが町のまん中で昼日中婦人をさらっていったことを」

この質問は私には奇妙にひびいた。

「何ですって」

「本当なんです。スヴェトランスカヤ通りで辻馬車を走らせていたところ、一台の自動車がこちらへ猛スピードでやってきましてね、それが突然金角湾の岸にとまったんです。その自動車から数人の背の高い屈強な男たちがとび出してきて、通りを歩いていた婦人をつかまえ、車に乗せて走り出したんです。彼女は声を上げて助けを呼びましたが、警官は群衆のかげからライフル銃を撃っただけ。もちろん当たりませんでした。自動車はアレウト通りを左折して、駅の方へ逃走しました。警官は辻馬車で追いかけていきましたよ」

「辻馬車で」

「そうです」

「ばかばかしい」

それからなお何分間か私たちはこの事件のことを話したが、やがて部屋を出て帰ろうとしたとき、彼女が私の耳もとでこうささやいた。

「あしたの七時に、うちへいらして」

当日の七時ごろ何人か客があって私は手がはなせず、やっと自由になったのは八時ごろだった。急いで家を出てバスで彼女の家へ行き、ドアをノックした。やはり応答がない。戻りかけたとき、通りの方から彼女がはだしで駈けてきた。

「どうして遅かったの、堀江さん。もう一時間も待っていたのよ」

「怒らないでください。客があって、どうしても手がはなせなかったのです。大急ぎで駈けてきたんです」

「ちょっとお待ちください、堀江さん。上着を羽おりますから」

「どうぞ、どうぞ」

二十分後、私は最新のモードを身にまとった美しい彼女と肩を並べて広い明るい通りを歩いていた。

「どこへ連れていってくださるの」

「お好きなところへ」

「あなたはどこへ行きたいの」

「それじゃあ、月の光でボートをこぎましょう」

「すてきだわ」

私たちはピョートル大帝通りを埠頭まで歩いていき、一艘の小さなボートを借りた。夏のあたたかいそよ風が水の上を吹きわたり、彼女は頬にかかる髪の毛をかすかにゆらしていた。私たちは何隻もの汽船や帆船や艀やその他いろいろなタイプの舟のわきを通って沖合いにボートを停めた。おびただしい電灯の光で明るく照らされた町の中心部がはるかに遠くに見えた。かすかに音楽の音が聞こえてきた。

「どこから聞こえてくるのでしょう」

「船の上からのようですね」

「何てきれいなんでしょう。星と月と海と……」

「それと若い情熱」

彼女は私に顔を近づけてきた。私たちはとても強く抱き合ったので、彼女のやわらかい胸の中で心臓のうつ音が私につたわってきた。そしてキス。唇と、頬と、首と、うすい絹のドレスにおおわれた左右の胸に。

かなり長い沈黙がつづいた。その沈黙のあいだに、彼女はもっと先にすすむべきかどうか迷っているのではないかと私は思った。私が一歩先にすすめば、きっと最も甘味な、しかし同時に暗い地獄に通じる最も恐ろしい果実があるにちがいなかった。私は二人の仲を心地よい印象をもって長く思い出にとどめるため、ドラマを未完のままに終わらせておこうと思った。

「岸へ戻りましょう。ぼくはのどが渇いた」

「いいわ」

「よく舵をとってくださいよ。ぼくにどれほど力があるかためしてみるから」

「けっこうよ。でもボートをひっくりかえさないで」

「それはどうかな。この世とおさらばして、天国へ行くのも悪くないと思うけど」

私たちはコーキンに寄ってコーヒーを飲み、家に帰った。ベッドにはいってから長いこと寝つかれなかった。

その後数日間はカムチャトカに出発する準備で忙殺され、やっと八月十一日の夕方になって別れをつげに彼女のもとをおとずれた。

「あなたを置いてカムチャトカに出かけなければなりません」と私は沈んだ声で言った。

私たちはおたがいに忘れないこと。春になって私が戻ってきたらまた会うことを約束した。彼女は目に涙をうかべて私の旅の無事を祈り、私にキスをした。

私は重い心をいだいて家に戻った。かなり遅かったけれども、辻馬車に乗る気持ちにもなれなかった。そしてほとんど明け方まで寝つかれなかった。

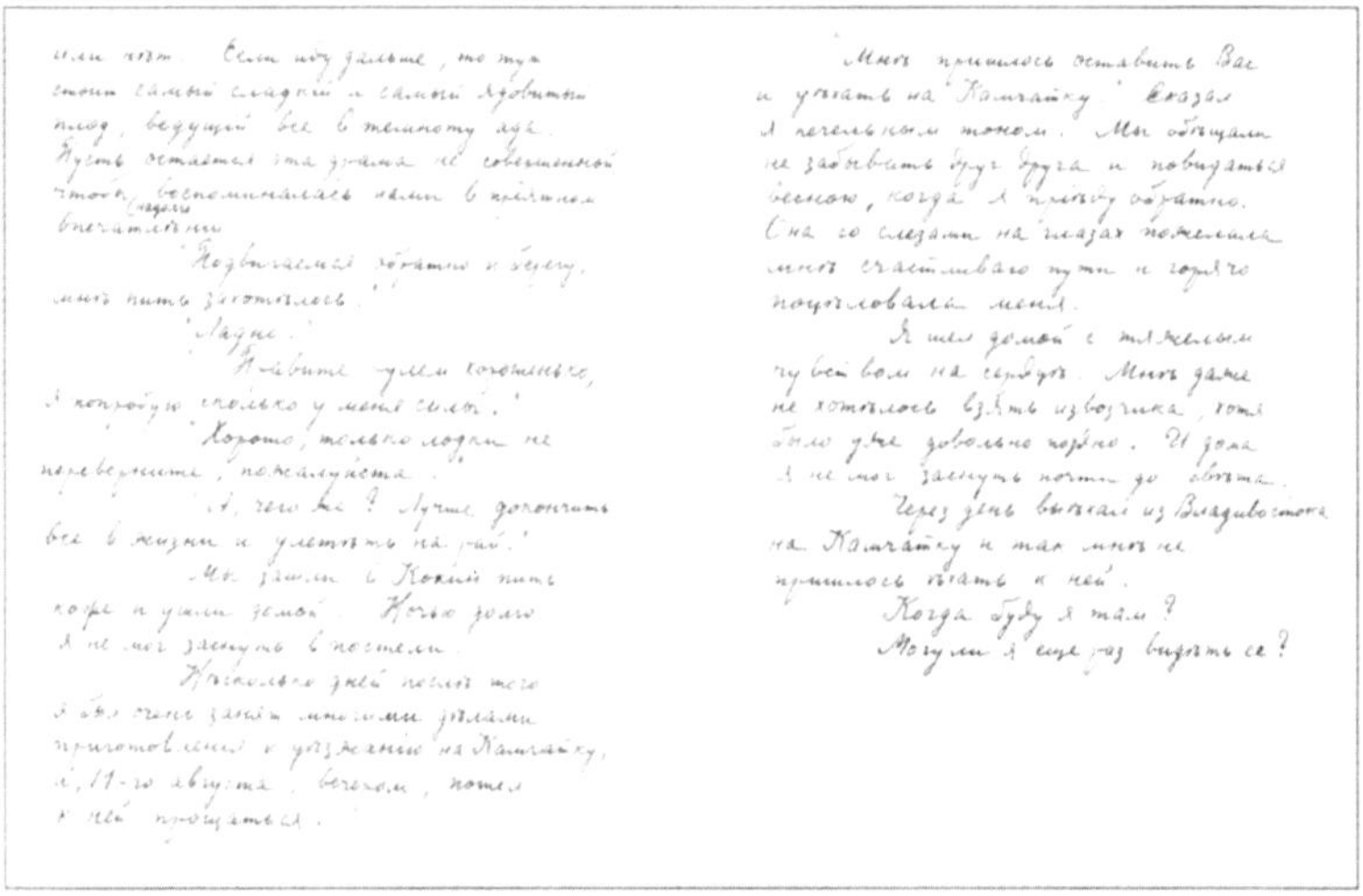

или нет. Если иду дальше, то тут стоит самый сладкий и самый ядовитый плод, ведущий всё в темноту ада. Пусть останется эта дружба не совершенной, чтобы вспоминалась нами в приятном (сладком) впечатлении.

"Подвигаемся обратно к берегу, мнѣ пить захотѣлось."

"Ладно."

"[illegible], я попробую сколько у меня силы."

"Хорошо, только лодки не переверните, пожалуйста."

"А, чего же? Лучше докончить всё в жизни и улетѣть на рай."

Мы зашли в [illegible] пить кофе и ушли домой. Ночью долго я не мог заснуть в постели.

Нѣсколько дней послѣ того я был очень занят многими дѣлами приготовления к уезжанию на Камчатку, и, 11-го августа, вечером, пошел к ней прощаться.

"Мнѣ пришлось оставить Вас и уѣхать на Камчатку," сказал я печальным тоном. Мы обещали не забывать друг друга и повидаться весною, когда я приѣду обратно. Она со слезами на глазах пожелала мнѣ счастливаго пути и горячо поцѣловала меня.

Я шел домой с тяжелым чувством на сердцѣ. Мнѣ даже не хотѣлось взять извозчика, хотя было уже довольно поздно. И дома я не мог заснуть почти до свѣта.

Через день выѣхал из Владивостока на Камчатку и так мнѣ не пришлось бывать к ней.

Когда буду я там?

Могу ли я еще раз видѣть ее?

正三の日記（ロシア語の部分）

一日おいて私はウラジヴォストークからカムチャトカへ出発し、そのまま彼女を訪ねることができなかった。

私がウラジヴォストークに戻れるのはいつだろうか。

もう一度彼女に会えるだろうか。

資料の手紙一覧　（宛名はいずれも、居留民会長堀江直造）

日付	差出人	内容
１９１８年８月27日	海軍少将、松本忠左	浦潮駐屯中の御礼
１９１６年１月15日	井出謙治	日本人小学校へ寄附
８月19日	日露協会敦賀支社	浦潮経済視察団の訪問中止の件
12月	竹下勇	軍艦「薩摩」浦潮通過記念、小学校へ寄附
12月25日		駐屯中の援助に対する御礼
１９１８年７月８日	京都西本願寺、桜井昭治	浦潮での活動について、太田覚眠の事
１９１９年12月３日	陸軍聯隊長、野中保教	駐屯中の御礼、ペスチャンカの様子
不明年８月17日	日露協会、目賀田種太郎	「出兵」協力の通信社記者の紹介
	陸軍、野中保教	駐屯中の御礼
	陸軍病院長、上山善明	ハバロフスクからの挨拶
	海軍、井出謙治	宴会の招待状
１９２１年１月10日	天野邦太郎	年賀と近況報告

1月2日　総領事、菊池義郎　謡の会のお誘い
7月　退任し帰国のため送別会の招待状

絵葉書数枚は、主に正三宛てにロシア国内旅行中の友人からのもの。

堀江直造宛の各手紙の大意

（現代語に言いかえた。差出人敬称略）

（１）１９１９年12月３日　露領派遣第五師団歩兵第二十一聯隊第三大隊長、野中保教より

浦潮駐屯中は御厚情を賜り、殊に出発の際のご高配に感謝します。無事任地にもどることができ、令息も途中至ってご壮健で、いろいろな事が起る列車内にあって熱心に輸送の援助をしていただいたので無事到着することができました。御礼申し上げます。

ペスチャンカは今夜は零下三十度内外で、浦潮に比べ寒さ強烈ですが、四方山や樹木に囲まれているので、風少なく風光よく、軍隊駐屯の地としては適当です。

相変らずどこも露国避難民でいっぱいで、物資欠乏の様子、憐れな次第です。

寒さ厳しい折、ご自愛の程を、また貴店のご発展をお祈り申し上げます。

西比利亜商事株式会社、堀江社長殿

追伸、松田、鍋島各位初め貴店諸君によろしくお伝え下さい。

（２）１９１６年１月５日　海軍少将、井出謙治より

（挨拶略）きたる十二月二十三日（一月五日）午後六時より常盤に於いて粗饗を差上げたく、おいで下さるようご案内申上げます。

金五十円也。右を御地日本小学校基金の一部として寄附致したく、御取計らいの段ご依頼申上げます。

居留民会長、堀江直造殿

（3）　1916年8月19日　日露協会敦賀支部より

（挨拶略）当支部御地視察団組織の計画を発表しましたが、種々の故障あり残念ながら中止の止むなきに至りました。予定をお聞きになっていろいろ歓迎の準備等を、戦乱の中にも拘らずしていただき、対岸の敦賀港に多大のご厚意を表せられ、感激致しております。

大阪商船代理店に万事一任していたため、中止の際遺漏、欠礼のありました事をお詫び申上げます。いつも変らぬご懇情とご誠意の程、町民一同に代り厚く感謝の意を表したく存じます。

日本居留民会長殿

（4）1916年12月25日　第二戦隊司令官海軍少将、竹下勇より
当隊の当地在留中は、各位のご援助により万事に便宜を得、感謝にたえません。その上名産清酒のご寄贈に預り、ご厚意の程、一同を代表し御礼申上げます。

当隊今般当地来航の記念として、別封金二百留日本小学校へ寄贈致したく、同校基金としてご受領下されば本懐に存じます。

日本人居留民会々頭　堀江直造殿

（5）1918年8月26日　京都本願寺執事長、利井昭治より
（挨拶省略）今回時局に関し日夜報国のためご奮闘ご苦労様です。本願寺に於いてもこの際浦潮に臨時部第三支部を設置し、出兵の慰問その他できうる限り報国の意を表したく思いますのでよろしくお願い致します。太田覚眠を支部長に命じますので、諸般ご便宜をお与え下さいますよう、ご挨拶方々お願いまで。
日本居留民会長　堀江直造殿

（6）1918年8月29日　元陸戦隊指揮官、松本忠左より

陸戦隊当地滞在中は長日月の間、居留民会諸士の御厚情を賜り感謝の至り、ここに一同を代表し御礼申上げます。一同は15日浦塩発19日呉着の上解散し、各新任務につきました。

浦塩居留民ご一同のご健康を祝し、将来のご発展をお祈り申上げます。

堀江居留民会副会頭殿

（7）×年8月17日　東京、日露協会、目賀田種太郎より

（挨拶省略）軍事通訳青木精一氏をご紹介しますので、ご引見下さるようお願い申上げます。

同氏は当地日本電報通信社に在職せられ、今回の出兵に際し進んで渡露せんものに有る為御差支えなき限り御地の状況その他を同氏にお漏らし願いたく、また諸般の便宜をご供与下さるよう、ご紹介かたがたお願い申上げます。

堀江直造殿

（8）１９２１年1月10日　第七旅団司令部、天野邦太郎より

先般不慮の負傷をし、ついてはいろいろご配慮をいただき、御見舞いにまであずかり深謝致します。

負傷は…（病状略）

堀江直造殿

（9）１９２１年7月20日　総領事、菊池義郎より

昨日はおいで下さいました折失礼の段お詫び致します。お別れに臨み、愚影一葉（自分の写真一枚）そえ、ますますのご繁栄をお祈り申上げます。準備にゴタゴタしておりまして書面にて失礼致します。

堀江大人御下

（10）？　年10月16日　差出人不明

（挨拶略）今回ご配慮をもって、敦賀分場主任真柄佐吉氏を産業時局上の調査のため派遣を命せられ御地に渡航せらるる間万事ご指導ご援助よろしくお願い申上げます。

居留民会長　堀江直造殿

明治・大正時代の浦潮における日本人商店、企業

商店、企業名	営業品目	所在地
◇貿易一般、食料品関係		
青浦商会浦潮支店	果実、蔬菜、雑穀、肥料	カレイスカヤ街３０
池田喜代松商店	洋菓子、麺麹製造販売　（軍）	キタイスカヤ街１９
井手商店	味噌製造業	フォンタナヤ街２８
池田花園（池田彦次）	草木養花販売業	スウェトランスカヤ街６５
岩川商店	鮮魚卸小売並野菜類	カソイペレウロク街８金時門内
紀州號	果実、雑貨、煙草及輸出入業	セメノフスカヤ街１５
協信洋行ＫＫ	輸出入業	アレウツスカヤ街２６
帯金直勝商店	米穀、食塩商	セメノフスカヤ街２５
小林商店	果実蔬菜問屋、雑穀肥料、雑貨	ペキンスカヤ街１５、セメノフスカヤ市場
大正洋行	雑貨、酒類販売	キタイスカヤ街７

田中合名会社　輸出入果実蔬菜販売業　カレイスカヤ街３４―１３
中谷勢商店　輸出入業、食料品酒類、馬車（軍）　カマロフスカヤ街４１
秀島商店　呉服、食料品、日用雑貨（軍）　セメノフスカヤ街２７
水仙商会　果実蔬菜、委託販売、輸出入業　アレウツスカヤ街３８
清水商店　缶詰、米味噌、乾物他食料品　キタイスカヤ街１１
白根商店　輸出入食塩卸売代理店業　アレウツスカヤ街３４
松井商店（松井甚右衛門）　麦粉白米、果実蔬菜、他食料品　ペキンスカヤ街６―１９
光武商店　雑穀肥料直輸出入業　スウェトランスカヤ街５
向井商店　果実蔬菜商　アレウツスカヤ街３６
堀尾商会支店　輸出入、果樹蔬菜貿易業　セメノフスカヤ街２４
堀江商店　輸出入並ニ委託販売業　アレウツスカヤ街４７

◇**貿易一般、非食品関係**

亜細亜商会　綿反物、洋品雑貨卸商　アレウツスカヤ街３６
今永商会　衛生材料、薬品原料輸出入業　マルケロフスカヤ街１１
今西商会（主任高位作次）　輸出入貿易業　フォンタナヤ街２８

梅田商会ＫＫ浦潮出張所	貿易、仲介、起毛業、莫小製造	マルケロフスカヤ街１２
岩田承平商店	電気機械、砿油、医工業薬品類	スウェトランスカヤ街４１
岩石商店	雑貨商	キタイスカヤ街１２
石島商会	貿易商（軍）	ボロヂンスカヤ街１９
石留商店	輸出入業、洋服、鞄行李、雑貨	フォンタナヤ街３９
欧亜商行	皮革、羅紗、薬品、靴工業	キタイスカヤ街２５
近江岸商店	綿布雑貨輸出入商	アレウツスカヤ街４９
大神商店	医療機械薬品、雑穀肥料輸出入	アレウツスカヤ街３３
太田作商店（太田作郎）	毛織物、綿布、雑貨商	スウェトランスカヤ街２７
太田良商店（太田良三郎）	輸出入貿易業	アレウツスカヤ街４９
大阪屋商店浦潮支店	靴、鞄、皮革類直輸出入商	キタイスカヤ街３
尾崎貿易商会	貿易商	キタイスカヤ街１１―５
川端常次郎出張所	貿易商	キタイスカヤ街３４
川口商店	貸自動車業、菓子製造販売（軍）	アレウツスカヤ街４４
神本洋行	綿布、雑貨商	スウェトランスカヤ街１１

金森三巴商会	貿易業、硝子器具商	アレウツスカヤ街５１
鐘ヶ江傳四郎商店	雑貨、雑穀卸小売、輸出入業	アレウツスカヤ街４９
木下商会	皮革製靴原料	スウェトランスカヤ街３６
北神洋行	工医薬品、電気機具、雑貨類	キタイスカヤ街１６
熊澤洋行	羅紗毛織物、絹綿反物類	カレイスカヤ街２６
倉岡商店	電気、暖房機付属品販売	ペキンスカヤ街２７
倉岡鐵工所	機械船舶自動車修繕	ボロヂンスキー１５
倉成商店	鉄材、金具、電気器具輸出入業	アレウツスカヤ街３６
小池商店	雑貨商	スウェトランスカヤ街１１
小林貿易ＫＫ	毛皮、薬種業	セメノフスカヤ街２９
近藤商会	輸出入業	ポシエツスカヤ街３７
極東林業社	木材輸出業	マルケロフスキーペレウーロク５
酒井繁商店	医薬品、器械、売薬、化粧品	キタイスカヤ街１９―５
島谷喜三郎商店	日露貿易萬仲介業	カレイスカヤ街２８
下田商店	直輸出入業	チグローワヤ街１９

篠原商店	輸出入業	アレウツスカヤ街４９
西比利亜商事ＫＫ	貿易商　（軍）	マルケロワスカヤ街２
鈴木商店浦潮出張所	輸出入業	マルケロフスカヤ街５
杉田商会	直輸出入業、薬品販売業	セメノフスカヤ街２０
菅沼商店	洋紙販売輸出入業	ペキンスカヤ街２７
妹尾商店	機械精米、雑貨、雑穀輸出入商	アレウツスカヤ街４７
多田新洋行支店	銅鉄器、諸金物商	スウェトランスカヤ街１１
高岡打綿ＫＫ出張所	製綿、綿布、精米、輸出入業	アレウツスカヤ街３６
谷商店	木材輸出業、果物輸入業	アレウツスカヤ街３６
竹馬洋服店	羅紗地洋服販売	キタイスカヤ街１１
寺師商店	時計、宝石、眼鏡、貴金属細工	カレイスカヤ街３８
遠山商店	貴金属、時計眼鏡、羅紗、帽子	スウェトランスカヤ街５
豊島時計店	時計、宝石、貴金属、装身具	キタイスカヤ街１１
東露通商公司	輸出入業	ペトウロフスカヤ街１０
中田商会	直輸出入業	カレイスカヤ街３４―１３

中野商行	綿糸、綿布、工業薬品、染料	セメノフスカヤ街２３
中峰商会	輸出入貿易及両替	キタイスカヤ街３
永田栄重商店	莫、防寒用品、羅紗、諸雑貨	セメノフスカヤ街２７
長崎洋行	メリヤス、美術雑貨印小売	スウェトランスカヤ街７
浪花商会	写真機材、工医薬品、文房具卸	アレウツスカヤ街３６
新高洋行	輸出入、委託売買、倉庫、両替	セメノフスカヤ街１９
日露貿易商会	輸出入業	スウェトランスカヤ街１７
日露商会	石炭販売、木材輸出、莫製造	キタイスカヤ街5
日露實業ＫＫ浦潮支店	輸出入、企業金融	キタイスカヤ街１１
日本毛皮ＫＫ浦潮出張所	毛皮輸出入業	マルケロフスカヤ街１１
林洋行	毛織物、綿布、雑貨卸、輸出入	ペキンスカヤ街２７
堀商店	直輸出入業、化学薬品	マルケロフスキペレウロク街6
野上時計店	貴金属時計美術品修繕販売	スウェトランスカヤ街２９
野坂商店	雑貨商	セメノフスカヤ街２９
藤田合名会社浦潮出張所	木材輸出入業	スウェトランスカヤ街5

藤田兵吉洋行	輸出入業　（軍）	マルケロフスカヤ街４
藤武商店	輸出入業	キタイスカヤ街１５
藤本商店	理髪器具、化粧品、莫、雑貨	キタイスカヤ街１５
福田商店	綿布、メリヤス商	アレウツスカヤ街５５
北海林業ＫＫ浦潮出張所	白楊樹輸出業	フォンタナヤ街５５
丸三商会	輸出入貿易及両替商	アレウツスカヤ街４３
三井洋行	輸出入業	マルケロフスカヤ街１０
三菱商事ＫＫ浦潮出張所	輸出入業、保険代理業	アレウツスカヤ街１３
光武商店	雑穀肥料直輸出入業	スウェトランスカヤ街５
明治屋	雑貨商	セメノフスカヤ街１５
弥生商会	輸出入商	セメノフスカヤ街２７
八坂商事ＫＫ浦潮支店	輸出入業	セメノフスカヤ街２１１
大和商会	輸出入、雑貨商	スウェトランスカヤ街５
吉田商会	貿易商	キタイスカヤ街7
吉田市商店	雑貨商	セメノフスカヤ街２０

吉田洋行浦潮支店	貿易業	キタイスカヤ街１２
横濱植木ＫＫ浦潮出張所	農具、種子、輸出入業	プーシキンスカヤ街１５
脇深文	木材輸出及直輸出入業	カソイペレウロク街４
川原洋行浦潮支店	輸出入貿易商	セメノフスカヤ街１１
一柳洋行	直輸出入業、生保代理業	カレイスカヤ街３４

◇運輸、サービス業など

石戸商会	貸自動車、汽船荷役、鉄工業等	セメノフスカヤ街１９
全康禧商会	海陸運送業	フォンタナヤ街２８
東和汽船ＫＫ浦潮出張所		スウェトランスカヤ街２７
林回漕店（津田弘季）	海運業	ペキンスカヤ街２７
荻原商店	陸海運御用達	スヰフンスカヤ街１１
報徳社	運送業　（軍）	キタイスカヤ街１５
森回漕店	船舶代理業	ペキンスカヤ街２７
ヤクロ商会	運送業並ニ輸出入業	ボロヂンスカヤ街２４

平野写真館		キタイスカヤ街３４
穂下写真館		キタイスカヤ街７９
町田写真館	写真機材薬品直輸入卸小売	日本軍司令部下角
諸岡写真館		スウェトランスカヤ街１３９
諸岡エハガキ販売所		アレウツスカヤ街５７
浅野美髪店	理髪業	ボロヂンスカヤ街
大塚理髪店	理髪業	キタイスカヤ街
宮本理髪店	理髪業キタイスカヤ街３	
浦潮病院	内科、外科、小児科など	セメノフスカヤ街２８
浦潮共立医院	内科、花柳病、皮膚病	ボロジンスカヤ街１１
木藤医院	内科、外科、眼科、歯科	フォンタナヤ街２２
栗田赤誠堂医院	内科一般、花柳病科	セメノフスカヤ街２６
徳山療病院	内科、外科、歯科	ボロヂンスカヤ街
日本歯科医院		キタイスカヤ街１６
松本外科病院	花柳病科、矯正外科、眼科など	セメノフスカヤ街２０

光武病院　産婦人科、花柳病科、内科　カマロフスカヤ街２１
味よし　割烹　カソイペレウロク街
かいこ　割烹　カソイペレウロク街
金時　割烹　カソイペレウロク街
澤谷亭　料理朝鮮町
ちとせ　そば、和洋料理、待合　セメノフスカヤ街
千鳥　割烹　カソイペレウロク街
常盤　割烹　カソイペレウロク街
旭館　旅館　セメノフスカヤ街
扶桑舎　旅館　ペキンスカヤ街
セントラルホテル　高等旅館　スウェトランスカヤ街１３
ウエルサユホテル　スウェトランスカヤ街
（以上は「浦潮小観」杉原庄之助著　大正十年、より）

長野屋旅館　旅館、欧風料理　フォンタンナヤ街１８

福田旅館		アレウツスカヤ街５５
徳永旅館		アレウツスカヤ街
曙亭	すし、麺類、手軽料理	
大桝	会席、料理	マルケロスキ、ペレウローク
ことぶき	貸席並ニ料理	アレウツスカヤ支那湯向い
日露商行		キタイスカヤ街１１
迫間支店	輸出入業、機械精米業	セメノフスカヤ街
篠原優商店	靴	アレウツスカヤ街９４
杉田商行	鮮魚、野菜、食料品　軍	キタイスカヤ街電信局隣
黒龍漁業合資会社	鮮魚販売	セメノフスカヤ街７
伊丹商店	輸出入業	ペキンスカヤ街３５
山本商店	直輸出入商	ボロヂンスカヤ街１５
東和洋行	石炭販売	セメノフスカヤ街２８
八谷医院	内科、小児科、花柳病科	セメノフスカヤ街
グロブス館	映画館	スウェトランスカヤ街１１コーキ

ン隣
フドーヂエストウエンヌイ劇場　映画館　スウェトランスカヤ街
ノーウイ・チアートル　映画館　スウェトランスカヤ、ペトロウリカ角
（以上は「浦潮日報」大正6年、10年より）
注＝（軍）は日本軍御用達、ＫＫは株式会社の略。通りの名前は原文のまま。
この他に『浦潮斯徳事情』（済軒学人、大正四年）に次の商店も載っているが、所在地は不明。
果実商…三上洋行（三上乙鎚）　東洋號（世森茂太郎）　石原商会（石原外吉）
　相見商店（相見米次）　石橋商店（石橋初造）
雑貨商…中村商店（榊原辰次郎）　田中商店（田中一郎）　松崎商店（松崎庄次）
　松尾商店（松尾常夫）　松本商店（松本霊芝）　国下商店（国下松太郎）
雑貨、菓子製造業…下光商店（下光叉吉）　履物製造業…山田商店（山田庄作）
シャツ類商…高木商店（高木長吉）　家具商…近木商店（近木重吉）
菓子製造業…羽太商店（羽太健三郎）　書籍、打綿…廣部商店（廣部新太郎）

輸入業……梅田商会（梅田清）　　　　　　古金属……松本商店（松本五平）

《参考資料》

明治四十四年～四十五年の物価

正三が早稲田中学（明治四十四年～大正四年）に在学中に浦潮の直造から送られた学資、生活費の記録（萬代の実家に下宿していたので萬代の父、塩川左平次が直造宛てに書いたものと思われる。漢字は漢数字にかえた）

早稲田中学入学金	二円
早稲田中学徽章代	四銭
同興風会費	十銭
四月分授業料	三円
四月分賄料	七円
四月分小遣渡し	五十銭

中学修身訓　十五銭
新体国語読本　十八銭
新編漢文教科書　二十三銭
新編日本略史　三十銭
鉱物界教科書　四十八銭
英語リーダー　二十五銭
英習字帳　八銭
日本地図　六十銭
靴新調代　三円
江戸川舟行舟賃　五銭
理髪代　六銭
敦賀へ郵便　三銭
蝙蝠傘直し　六銭
傳通院縁日行　三銭
群馬県太田へ遠足費　八十銭

釣竿代　二十四銭

薩摩下駄代　十三銭

南傳馬町行電車代　九銭

靴直し代　六十銭

新橋京都間二割引

　汽車賃　二円七十九銭

急行券　五十銭

通行税　四銭

蝙蝠傘代　一円五十五銭

敷布代　四十八銭

久留米絣壱反代　二円七十五銭

裏地　八十八銭

羽織綿代　十銭

仕立代　九十銭

正坊誕生會費　一円五十銭

胃散一缶	十銭
洋服上下直し代	六十銭
ボタン代	二十五銭
洋服カラー代	十一銭
神奈川行電、汽車賃	四十銭
割烹雑誌浦塩へ郵税	十銭
割烹雑誌予約	一円
テニス道具	十八銭
足袋代	二十二銭
靴下代	十四銭
正月子供宴会費	二円
雑記帳一冊	十銭
習字手本	十五銭
足駄歯入	八銭
中学日本歴史附図	四十五銭

顕微鏡代　九十五銭
浦塩へ端書　四銭
帽子　一円三十銭
夏洋服一着新調代　三円
南極探検活動写真　三十銭
仁丹代　十銭
栄太樓甘納豆　一円
正坊帰省京都汽車代等　四円

以上抜粋

年号	堀江直造と家族の動静	堀江に遺る史料	その他の参考資料
1870（明治3年）	1月11日　直造、京都府舞鶴町に士族、堀江堅固、くわの長男として出生。		
1880（明治13年）	父死去、明治15年大阪へ住込みで働きに出る。母と妹も京都へ。		
1892（明治25年）	西澤源次郎商店主と共にウラジオストクへ渡り、日用雑貨、食料品の輸入販売に従事。	渡航当時の浦潮や家族・日本人居留民の写真。	
1894（明治28年）	塩川萬代と結婚。		
1899（明治34年）	西澤商店を引継ぎ、経営者となる。	西澤商店の資産を引き継いだときの契約書。	『浦塩斯徳』（明30発行、松浦充美著）コピー。
1903（明治36年）	妹さとの三男、正三を養子にする。	明40年ロシア語学校創設の際の寄附に対する浦潮商友会の感謝状。	『浦潮案内』（明35発行、角田他十郎著）コピー。
1904（明治37年）	日露戦争のため日本へ引き揚げる。		
1905（明治38年）	ウラジオストクへ再渡航する。缶詰素麺製造工場はじめ広く商業活動を行う。この間、日本人居留民会評議員を25年、副会頭、会頭を各2年、商工会会頭2年、果物商組合長を4年務める。日露交流にも努める。	舞鶴の小学校や浦潮の日赤への寄附の感謝状。日赤の奉仕活動への萬代の参加の表彰状等。明41年、42年の萬代の日記直造を紹介した新聞記事。	谷源蔵氏の孫源一氏所蔵の当時のパスポート、日記、浦潮の写真のコピー。「浦潮日報」少々。『浦潮斯徳事情』（大4発行、済軒学人著）コピー。

1918（大正7年）	「シベリア出兵」の際、日本軍に協力する一方、日本政府へ出兵再考を促す請願書提出。「軍事用達社」設立。	西本願寺、居留民婦人。堀江缶詰工場の博覧会出品時、西比利亜商事等の写真。竹内一次氏ご家族と一緒のもの。日本軍、総領事、日露協会等からの書状。	『浦潮小観』（大10発行、杉原庄之助著）コピー。『浦潮領事館報告』等外務省外交史料館史料コピー。
1919（大正8年）	「西比利亜商事株式会社」設立 正三、東京外語ロシヤ語科を卒業し、カムチャッカへ商業活動に赴くが不調に終わる。	石戸精一氏葬儀の際の弔辞の下書き。大5～7の直造の日記。	『「浦潮日報」創立者、和泉良之助』（昭和56年、桧山邦祐著）。L・M・サミグリーン論文（1992年、富山）。
1921（大正10年）	軍への協力で大損をする。すべての公職を辞す。直造、萬代、正三日本へ引き揚げ。	対露貿易振興や居留民会活動に対する表彰状と盃。電報、ルーブル紙幣、堀江商店帳簿数ページ。	L・L・ガリューモヴァ論文（1992年、大阪）Z・F・モルグン論文（1995年、函館）。
1926（昭和元年）	直造、舞鶴藩東京藩邸執事長に。	正三の友人達からのロシア各地からの絵葉書。正三の大12、13年の日記（一部ロシア語）。	竹内一次氏の写真館、ホテルの当時の写真コピー。
1927（昭和2年）	正三、朝日新聞大阪本社編集局に就職し定年まで勤務。		大河内氏の極東ロシア関係史料、島田元太郎の年賀状など。
1942（昭和17年）	直造死去、1944年萬代死去。		
1963（昭和38年）	正三死去。		

あとがき

ひとつの外史として直造の足跡全体をまとめる

私自身が本を書くなんて、遺品を発見した頃は全く考えていませんでした。九〇年春にそれまで勤めていた京都の中学校を退職して少し時間のゆとりができたのを機に、直造の日記を判読しながらワープロにすることからぼちぼち始めていました。

その後の九〇年代は、新生ロシアと日本の新たな交流が各方面で模索される時代でした。私も日ロの研究者や関心をもつ方々と知り合い、ご教示をいただきながら、遺品のもつ意味を私なりに理解していきました。つまり幸いに時代の風に背中を押されながら、この勉強を続けることができたのです。初めは資料として整理して、研究者の方に引用してもらえればいいと思っていましたが、数年前から私自身の視点で日記や家族のことも含めて直造の足跡全体を書いてみたい、歴史の研究書というよりひとつの外史として……、と思うようになりました。

出版については素人の私を関西日露交流史研究会の運営委員で新風書房編集部員でもある小野元裕氏をはじめ、会長の杉谷保憲氏、事務局長の岩佐毅氏の応援も得ました。いろいろな方との有意義な出会い、ご指導で本書は生まれました。大阪市大名誉教授左近毅先生が監修・解説の労をとってくださったことも大変有難く存じます。特に左近先生には日記原文の判読にずいぶんご助力をいただきました。また、「正三日記」のロシア語箇所の和訳を中村喜和先生のお世話になれたことも心強く嬉しく思いました。

出版等のご助言をいただいた東海大学平和戦略国際研究所の武田洋平助教授、研究の過程でお世話になった大阪大学藤本和貴夫教授、国立極東総合大学モルグン・F・ゾーヤ助教授、入門期に有益なご教示をいただいた杉山公子氏、そして資料を快く提供していただいた居留民の子孫の皆さまにこの場を借りて心より御礼申上げます。

二〇〇一年十一月

堀　江　満　智

解説

実業界と知識人の提携により
ウラジオストク日本人居留民社会が発展

大阪市立大学名誉教授　左近　毅

時は主としてシベリア出兵の時期、場所はロシア沿海州の港湾都市ウラジオストク、そしてここで主役を果たす組織は日本人「ウラジオストク居留民会」である。さらにその中心に存在した人物が堀江直造であり、彼の生活を機軸にして一つの小宇宙が描き出される。ここでは国際干渉戦争そのものを論ずるのではなく、日本植民史の一端を語るものでもなく、あるいは専らシベリアについて述べるのでもない。それは言うなれば、ウラジオストク日本人居留民会が最大限に自己主張し、最大限に利用されて終わった一つの時代の一つの庶民の歴史である。

日本人の居留民たちがウラジオストクに、そもそも国家権益とは別に一種の生活共同体である組織をつくろうと考えたのは、一八九二年（明治二五年）一月であった。おりしも、堀江直造がはじめてウラジオストクの地を踏んだ年である。当初の名称はなにやら政治がらみを連想させる「同盟会」というものであったが、実態は懇親クラブに近い性格から始まった。一年後には方針を変え、より包括的な組織をめざし、政府出張機関であるウラジオストク日本貿易事務館（実質上の領事館）と接触する窓口をも兼ねることになった。そのために会員も増え部会も七つに分けられ、市内に住む日本人居留民の加入率は高まった。一八九五年（明治二八年）になってほぼ全員加入を達成、名称も「同胞会」と変えて事務館の公務も乗船手続代行、旅券申請代行など一部委託をひきうけ、相互扶助の色合いをもつ自治的共同体の性格をつよめた。それと同時にロシア人社会との接触や交渉も頻繁となり、専任のロシア語通訳兼書記として仁科岩次を採用し、規約も整備した。一九〇二年（明治三五年）三月には、「ウラジオストク在留日本人居留民会」と改称された。その背景には、日清戦争後の中国領土割譲で日本からの入植と植民が増加し、各地に居留民会を名乗る組織が誕生したことと、この年に敦賀とウラジオストク間に定期航路が開設したことがある。堀江の日記にたびたび登場する鳳山丸は二九〇〇トン、この航路は両港を結ぶ重要な交通手段となっていった。交通丸は鳳山丸の半分ほどの船舶で、北海道および北陸から来航していた。これら日本の船舶に対応するロシア側の国際航路船が、堀江の日記では「義勇」と表記された義勇艦隊である。平時は貨客船として国際航路に就航し、一九〇八年（明治四一年）からは敦賀間に汽船五隻を投入し週二便を出していた。日記に登場するモンゴリア号もその一つである。

しかしまもなく日露関係に暗雲がたれこめついに日露は開戦。それにともない在留邦人引き揚げ問題が生ずるにおよんで、居留民会は自動的に解消の運命をたどった。しかし戦後の一九〇六年に、ウラジオストクの居留民会はふたたび始動した。ただし、この時点で再開した居留民会の性格と目的は戦前とは異なり、相互扶助を大前提に居留民同胞子弟の教育を筆頭にかかげ、またロシア語教育の会員間への普及を次に置いて、娯楽ないしは親睦は目的の最後尾に掲げられることになった。こうした状況に対応し、居留民会はさらに料亭常盤など飲食・料理・貸し席業を中核に「日本人倶楽部」を設け、他方事業運営面でもロシア側商工会議所に対抗して「商友会」を組織し、事業の一層の進展とロシア社会への融和を期した。これは戦後、日露関係の長期安定化を見込んで、居留民の生活が出稼ぎや一旗組の季節移動的、臨時的性格から、継続的生活のための本格的基盤整備へとシフトしつつある実態を反映していた。

顧客との折衝や取り引きに際して重要なロシア語は、もちろん営業上不可欠な手段であった。しかし、次第に定着した個人生活面でも恒常的な使用が必要になり、たんに児童に教授するだけでなく、居留民自身学習すべき状況が生まれていた。そこで日本人居留民会がバックアップし、夜間開講で二年間学習の露語学校（ロシア語学級）を設け、居留民会とくに商店員など接客機会の多い子弟に語学教育をさずけた。そのため最初は営業活動の振興をはかる実務的必要から、商友会がこの活動に携わり、のちには居留民組織全体がかかわる形へと展開した。営業上の必要という目的があるから、生徒たちの学習におけるインセンティヴは高かった。しかも、日露戦争直後の一九〇七年（明治四〇年）春に開講した学校は、当初より中心となって支える強力な日本人講師がいた。居留民会のブレーンであり、文柱でもあった東京外語出身の和泉良之助であった。これを支えるいま一人は、外語後輩の平田稔であり、毎晩三時間から四時間の連続授業。これを見ても生半可な「教室」ではなかったことが分かる。和泉は日露戦争後、陸軍士官学校のロシア語教官のポストに着任してほどなく、狭量な軍人社会の蕪雑さに嫌気がさし、恩師二葉亭四迷と同じく大陸をめざした。一九〇七年にウラジオストクへ渡ってきた彼は、居留民会の専務理事として終始蔭の役割を果たし、そのかたわら夜間学校のみならず、大阪毎日新聞社の通信特派員となり、さらには「日記」にもしばしば登場する『浦潮日報』まで発刊するに至った。その意味で、当時のウラジオストク在留日本人を文化面でささえたマルチ人間であった。

在留邦人のための小学校は一八九四年（明治二七年）に、すでにまがりなりにも開校されていた。ただし独自の学校設備をもたず、本派本願寺の布教場を教室として借用していた。授業料は無料とし、経費は居留民の醵金《きょきん》にたより、運営はまったくボランティアによるもので、居留民のうちから学務委員を選び運営にあてた。初代は木村商店主の木村常次郎であった。生徒は僅か十数名だったものの、この時から高等科の生徒にロシア語を教えた。それがやや公的な性格に移るのは一九〇二年に貿易事務館館内に教場が転居してからである。戦後の一九〇七年に再開されて以後、一九一三年（大正二年）にはロシア政府からも公認を得てフォンタンナヤ街に新校舎を得た。一九一四年には男性教員三名、女性教員一名、ロシア語嘱託教員一名が教壇にたち、学級数は四、男女児童数は一三〇名となっていた。尋常科が一年から六年まで、高等科は一年生、二年生で、ロシア語は五年生から教授していた。明治期日本で小学校が地域文化において果たした複合的、多面的な役割を想起するまでもなく、ここウラジオストクの日本人社会でも、小学校は一種の文化情報センターの機能を果たしていたし、居留民会の経済活動をささえるクルマの一方の輪でもあった。その状況に変化をもたらした事件が二月革命で、首都からのニュースを渇望する日本人居留民たちの願いが、一九一七年の一二月邦語新聞『浦潮日報』を生み出した。居留民会から、なかでも商工会からの出資金が機動力となったことは言うまでもない。和泉を両脇から支えたのは、共にニコライ神学校の出身で、のちロシア通として知られた山内封介と中山貞雄である。この一大政情不安の時期、ロシアに関する情報が交錯しニュースが氾濫するなかで、居留民の主たる生活基盤である商業活動は大きな不安にさらされていた。この心強い『浦潮日報』発刊を維持しつづけ、そこからの的確な情報をもとに判断をおこなうことで、居留民会は時代の激流を乗り切り、針路を定めようと必死であった。

小学校併設など、現地での教育・啓蒙にもかかわった本派本願寺は、一八九四年（明治二七年）に当初はセミョーノフスカヤ街に別院として布教場を新築した。赤レンガ平屋建てで正面に菊の御紋章を配し、八〇〇〇ルーブルで完成した。土地は、ロシア人地主が向こう十年間無償で提供したものである。つまり日露戦争の後にはすでに貸与期間が経過しており、同布教場を続けて使用することは不可能となった。そこで現在極東大学のキャンパス近くにある場所へあらたな寺院を建築する計画をたてた。その任にあたった人物が、三重県出身の僧、太田覚眠であった。またロシア側の有力者として終始尽力したのが、当時ウラジオストク市議会議員であったマトゥヴェーエフである。ロシア側市議会の許可を取ることから始まり、ロシア正教会の抗議運動や反対など、さまざまな困難と障害を排除してようやく対面所が完成したのは一九一五年（大正四年）の夏である。本願寺は布教と同時に居留民会の仏事万端をにない、出兵時にも国策の一環として日本軍の駐屯に便宜を提供した。覚眠も日本軍撤兵にともない、一九二二年（大正十一年）末に帰国を余儀なくされた。ウラジオストク本願寺の建物は瓦解して、現在は存在しない。昨年その場所に、日ロ共同の努力によりかつての存在をしのばせる記念案内板が設けられた。本願寺が海外において、日本政府の植民地政策に果たした役割についてはここで触れないが、前任者であった清水嘯月（松月とも表記）について一言付記しておこう。清水嘯月は、日露戦争時に参謀本部の福島安正少将より特命を受けて、後方撹乱および情報収集に従事した花田仲之助少佐のことである。日露開戦の前には、やはり参謀本部次長川上操六中将の指令で本願寺派遣住職として一八九七年（明治三〇年）からウラジオストクに滞在し、かつ特殊諜報任務にも従事していた。清水こと花田については、日露戦争を通して比較的その実情が知られている。しかし、太田覚眠が同時に諜報任務を遂行していたのかどうかについては、にわかに断言できない。ただし先に述べた『浦潮日報』社にいた中山貞雄は、その前一時期本願寺に寄食していた。「怪僧」と噂された太田が「対露宣撫工作に従事していた」ことを知っていたようである。出兵時、太田覚眠は「派遣軍総督布教師」という公の立場で行動し、軍司令部つきとなっている。ロシアと満州で三〇年を過ごした後、一九三一年に帰国、五年後に当時侍従長をしていた予備役の鈴木貫太郎に請われて内蒙古に潜入、病没した。その目的は家族にも明かされなかったが、少なくとも宗教上の布教が任務ではなかった。それにしても、中山が述懐するように、覚眠ほどにロシアを愛し、ロシア人を好んだ人間はいなかった。背景や職業が何であれ、その点について覚眠はいささかも人後に落ちるものではなかったことを強調したい。加えて中山は、覚眠がウラジオストクの日本人居留民たちにとっては慈父のごときものでこれを乞い慕う者が多く、日本人社会にとって欠かせぬ存在であったと証言している。なおこのウラジオストク本願寺は、戸泉憲冥をも布教師として迎えている。戸泉憲暝は本願寺からのロシア留学生としてロシア語を学び、旧満州国時代の建国大学でも教鞭をとっていた。戦後まもなくのニコライ学院でロシア語を教えたスタッフの一人に戸泉エヴゲーニヤがいるが、これは憲瞑の夫人である。またその弟の戸泉賢龍も、覚眠が去った後、ウラジオストク本願寺の法灯を守った。

ウラジオストクの日本人居留民にとって、文化面でロシアとのパイプ役を果たした組織が、日露協会と露日協会であった。後藤新平を会頭に頂いた日露協会の存在は、比較的よく知られているので言及しない。当時のロシア側露日協会、ウラジオストクの露日協会を率いていたのが、東洋学院（東洋学校）で学部長をしていた知日派で日本に留学したスパルヴィンであった。彼はまたロシア側の保守系新聞『ゴーロス・プリモーリヤ』（『沿海州の声』）紙の編集責任者でもあった。革命の第一声が首都から報じられるや、ウラジオストクの言論は堰を切ったように活発となり、大小の新聞があらたに創刊へ踏み切った。しかしそれも一時で、やがて赤衛軍が同市を制覇し労兵ソビエトが実権をにぎるにつれ、言論統制がふたたびやって来た。その折、スパルヴィンの『ゴーロス・プリモーリヤ』紙は押収ならびに設備の接収を免れた。その理由は、日本人居留民による株式引き受けとオーナーを事実上変更しておいたためで、その間の事情が「堀江直造日記」で窺える。

日本とスパルヴィンの関係を語る場合に、欠かせない事柄がある。それは、東洋学院で日本語を教えていた前田清次という日本人講師のことである。前田は東京外語ドイツ語科在学時に、スパルヴィンに勧められてウラジオストクへやって来た。日露戦争時に帰国のチャンスを失った前田は、結婚していた夫人ともどもやむなくロシアに帰化する道を選んだ。戦後まもなく日本を訪れた前田を襲ったのが「売国奴」をなじる暴徒の凶刃であった。後に独り残された夫人は郷里から絶縁され、石をもって祖国を追われ、スパルヴィンを頼ってウラジオストクへと戻った。その夫人は恩人をよく助け、二人はやがて結ばれて夫妻となっている。堀江の日記には登場しないものの、エリザヴェータと呼ばれたスパルヴィン夫人も、したがって居留民たちと交流があったと推測される。

また、露日協会の日本側副会長に就任していたのは小西増太郎で、日記にも小西博士と出てくるように彼も有数の知識人であった。小西は、トルストイと親しかった日本人として引き合いに出されるのが現在では専らだが、その経歴は波乱に満ちている。ニコライ神学校でロシア語を習得した後、一八八六年（明治一九年）に特命全権公使西徳二郎に随行してロシアへ渡り、そのまま留学してキエフ、モスクワで学び、一八九二年に帰国してからは東京正教会神学校で教鞭をとり、やがて神学校校長となった。しかし一年余りでこれを辞し、今度は参謀本部でロシア語を教えたがこれも僅か三ヵ月、郷里の岡山に帰って十数年を実業界で過ごし、一九〇九年にまたもやモスクワへ渡って学び、帰国して同志社大学や京都大学で教壇に立った。そして一九一四年（大正三年）にはこれも辞任して、ウラジオストクへやって来た時には、したがって五〇歳後半の年齢に達していた。『浦潮日報』の外報部長に招かれてウラジオストクへ来た中山貞雄も、ペトログラードにいた時には露日協会の理事を務めていた。

このように、ウラジオストクの日本人居留民をロシア側から強力に支援したのが、このスパルヴィンおよび先述したマトゥヴェーエフであった。後者も非常な親日家で、日本を幾度も訪問していたジャーナリストである。政治的にはカデット派であったマトゥヴェーエフは、その後二月革命で臨時政権が成立すると、市議会から推されて全ロシア挙国一致議会の議員となるが、十一月革命で議会は事実上解散となり、ついには日本へ亡命する結果になった。

居留民たちの経済活動について、少し付言しておこう。「堀江日記」には、業務扱い品目としてリンゴの買い付けと輸出が突出して登場する。それには理由がある。ロシア人はリンゴを好んだだけでなく、とくに大玉な日本産のリンゴを愛好し、需要が大きかった。そのために、リンゴだけは日本国内から汽船積み込みの通知をした時点で、電報為替により時価の半額を送る商習慣が成立していたのである。一種の特別優遇措置であり、そのお蔭で輸出業者は手堅い取り引きができた。ウラジオストクで荷揚げされる埠頭は、便船・貨客船をふくめウスリー鉄道に隣接する税関埠頭で、ここから鉄道でシベリア内陸各地に運ばれた。特徴的なのは、日本人輸入業者たちが直接接触する顧客はロシア人よりもむしろ主として中国人仲買で、つまりは卸売りが多かった。これにより少数業者の日本人居留民たちは資金回収を短縮し、流通資本の回転率を高めることができた。堀江の記述には日本産粗悪品のトピックが登場してくる。欧州大戦に後背から経済参入者として関わった日本の一部業者は、戦時の暴利に幻惑され、ヨーロッパ前線のロシア軍や国内ロシア人に粗悪品をばらまいた。いわゆる特需景気に便乗した人びとである。当時、ロシア軍側の観戦武官であった荒木貞夫も、粗悪品の横行を日本の国辱として糾弾している。戦争末期が近づくにつれ、日本製粗悪品はロシア全土に横行するようになった。ウラジオストク港を、経由し、主としてヨーロッパ向けにロシアへ輸入された日本産品は、一部沿海州でも消費され、一部が還流してきたのである。もう一つ。本書から分かるように、堀江たち一般の善良で誠実なウラジオストク在住商工業者は、平和な通商活動を阻害し頓挫させることを懸念して、日本軍のシベリア出兵に反対した。したがって、出兵を機に暴利をむさぼるなど論外であった。しかも軍御用達業務の不時の出現で、本業の運営すら困難に陥った。

ところが、シベリア出兵もさることながら、それ以前から、アムール河口のニコラエフスク港を拠点に「漁場荒らし」で巨富を得た日本人がいて、ロシア人からはすこぶる評判が悪かった。島田元太郎という人物で、軍部や政界と結託した政商でもあり、諜報活動に従事していたとの説もある。一時は「島田商会札」まで発行し、地域の市場を独占した島田は、世にいう「尼港事件」（ニコラエフスク事件）で一命をとどめた代償に、すべてを失ったのである。

堀江直造が渡航してから帰国するまでの期間でも、ウラジオストクの日本人社会はゆうに三〇年の歴史を刻んだわけで、その生活時間のなかで新しい世代が育っていた。露語学校という異空間。その存在期間中に一〇〇名を越す卒業生を送り出した異空間は、無限広大のロシアを垣間見せるテレスコープであった。ここでいわばロシア語教育の通過儀礼をへた青年たちは、単に家業に専念するにとどまらなかった。ロシア一般に対する、シベリアの風土に対する関心をも深め、一部は本格的な専門教育へと進んでいく者も出た。なかに、協信洋行の社員からのち満鉄に入り、有数のロシア研究家となった島野三郎がいた。堀江正三もその一人である。郷里ウラジオストクを追われ、折しも日本国内は対露警戒心がにわかに高まり、防共が内外政策の重要な柱の一つとなる。結局、時代が居留民新世代の抱負を砕いて終わった。

このように、実業界と知識人が提携して、ウラジオストクの日本人居留民社会は発展および安定化を迎えていた。その矢先にやって来たロシア革命に続く国内戦、そしてロシアへの国際干渉が、そのささやかで平穏な小宇宙を轟音とともに爆破して終わった。しかし彼ら居留民たちが残した足跡、地上の刻印が移ろい去ろうとも、その小宇宙にまつわる記憶は永久に消えない。また消してはなるまい。民族と国家を超えた融和・共生の小さな実験を、たんに歴史として終わらせるだけでなく、これからも実験を続けていくべきであろう。

以上、本書が舞台とする時代ならびに場所を中心として、その背景を少し幅広く探ってみた。これが、読者の理解を少しでもうながすことを期待したい。

再書籍化するにあたって

現在のウラジオストクは近代的でオシャレな〝可愛い〟街、便利な人気の観光都市になった。そして政治経済の重要な舞台にも再びなりつつある。元々風光明媚なこの港街は地政学的にも地形的にも、極東ロシアの表玄関になる要素があることは本書で見てきたが、そこは戦争、体制の激変を通して人々の苦悩と希望を、凝縮された近代史を見つめてきた街でもある。

友好と挫折と忘却を、そして今また文化交流も経済交流も始まった歴史を若い人達にももっと知ってもらえたらと思う。

それはソ連時代の政府公認の歴史観では充分見えてこなかった、検証もされなかった歴史である。１９１７年の10月革命を頂点としてロシア社会主義革命を見れば、２月革命は単なる通過点でしかなかったかもしれないが、ウラジオストク独自の社会の成り立ちや諸相は、２月革命のもつ市民革命的性格と相容れる点があったように思う。

２０１７年～２０１９年頃ロシア革命の再検討をする論文や書籍がいろいろと出版された。難しい論文はとっつきにくいが、市井の人々の暮らしや気持ちと合わせて、当時の社会背景をみてみると、ロシア革命と民主主義の問題として改めて感じられることもある。

19世紀から20世紀初頭にかけて生まれた日露交流は、本来なら将来の平和友好と地続きであった筈だが、当時の国策や情勢と絡み合って混乱した。そこには消された友好、作られた敵対があったと思う。

しかし無名の人々が紡いだ生活や意識には、いつの世にも変わらぬ、平穏で楽しい経済的にも豊かな暮らしを求める心があった。そのために一生懸命働いた。政治もそのためにある筈だ。

この20年前の拙著に少しでも普遍的な意味があるのなら、ウラジオストクに日がまた昇り、極東と日本に幸せの陽光がさすことを願い、電子書籍化してより多くの方に読んでいただければ嬉しく思います。

２０２１年３月

堀江　満智

《著者略歴》

堀江　満智（ほりえ・まち）

１９４０年　京都生まれ。
１９６３年　同志社大学文学部英文学科卒業。
１９６３〜１９９０年　京都市立中学校教諭。
１９９０年〜２０１５年　祖父・直造が１９２１（大正10）年に建てた自宅を使い〃Ｂ＆Ｂ Horie〃を主宰する。

遥かなるウラジオストク
明治・大正時代の日本人居留民の足跡を追って

2023年9月30日発行

著　者　堀江満智
発行者　向田翔一

発行所　株式会社22世紀アート
〒103-0007
東京都中央区日本橋浜町3-23-1-5F
電話　03-5941-9774
Email: info@22art.net　ホームページ：www.22art.net

発売元　株式会社日興企画
〒104-0032
東京都中央区八丁堀4-11-10 第2SSビル 6F
電話　03-6262-8127
Email: support@nikko-kikaku.com
ホームページ：https://nikko-kikaku.com/

印刷
製本　株式会社PUBFUN

ISBN：978-4-88877-262-4